徳川家康という人

本郷和人
Hongo Kazuto

河出新書
057

はじめに

奇妙な肖像

私が勤務する史料編纂所は、歴史的な人物の肖像の模写を多く持っています。その中で、私はあるときに奇妙な絵を見ました（5頁の図参照）。それは徳川家康（一五四三－一六一六）の肖像です。絵の中の説明には「三所大権現」とあり、東照大権現としての家康を中心に、背後に僧形の人物Aと狩衣を着て冠をつけた人物Bが描かれます。AとBは誰なのか。

史料編纂所が模写させていただいた当時の絵の所蔵者は、外崎覚《とのさきさとる》という方。この人物は一八五九（安政六）年、弘前藩の儒学者の次男として生まれ、一九三二（昭和七）年に亡くなっています。弘前の東奥義塾で教鞭を執り、宮内省に勤務した歴史学者また漢学者。彼はこの絵について論文を書いていて（「関ヶ原合戦の絵屏風と東照公の肖像に就て」同氏『六十有一年』所収）、Aは天海僧正（一五三六－一六四三）、Bはマタラ神であると解釈されています。

Aは納得。天海は家康の相談役として重きをなし、家康が没するや、彼を「東照大権現」として祀る議論をリードしました（なお、金地院崇伝《こんちいんすうでん》（一五六九－一六三三）などは「東照大明神」とする案を主張したが退けられた）。いわば東照大権現の生みの親ですので、家康に付き従うように配置されるにふさわしいでしょう。

問題はBです。マタラ神という神様は寡聞にして聞いたことがない。調べてみると、摩多羅神あるいは摩怛利神。天台宗の神（明治維新以前は、神と仏の混在がふつう）で、阿弥陀経および念仏の守護神。左手に鼓をもち、右手でこれを打つ姿として描かれるというから、この点はたしかに図とマッチします。でも、私はどうも腑に落ちませんでした。家康、天海は実在の人物なのに、なぜ有名とはいえないマタラ神を描きこんだのか。

その疑問に明快に答えて下さったのが、上野の東照宮の禰宜《ねぎ》、嵯峨《さが》まき氏でした。嵯峨氏によると、現在の上野東照宮は神仏分離令の影響もあり、徳川家康、徳川吉宗（一六八四－一七五一）、徳川慶喜（一八三七－一九一三）の三柱をお祀りしている。だが、江戸時代までは家康、天海、それに藤堂高虎（一五五六－一六三〇）を祀っていた、というのですね。非公開ですが、本殿には、中央に家康、向かって右に天海、そして左に高虎の像が安置されているのだそうです。

徳川家康画像（東京大学史料編纂所所蔵模写）

家康は生前、高虎にあつい信頼を寄せました。東照宮の造営については、日光も上野も、高虎が深く関わっています。特に上野東照宮の地は藤堂家の藩邸があった地でもある。彼の墓は、私は訪ねたことはありませんが、動物園内にある。これらのことから、図のBは藤堂高虎、もしくは「マタラ神に扮した藤堂高虎」が描かれている。そう解釈しておこうと思います。

もともと上野は忍《しのぶ》の丘と呼ばれていた。藤堂藩はこの地に屋敷を構えたのですが、忍の丘の形状は藤堂藩領の伊賀上野に似ていた。それで「上野」と呼ばれるようになったのですね。藤堂藩邸のすぐ近くには、天海が開いた寛永寺があり、綱吉（一六四六－一七〇九）、吉宗など歴代将軍のほぼ半分（増上寺に半分）が眠っている。また天海の弟子になった津軽信枚《のぶひら》（一五八六－一六三一）の津軽藩邸もこの地にあった。信枚は弘前にも東照宮を建てましたが、図はそもそもこの弘前東照宮の所蔵だったようです。ただし先日、弘前に赴いた際に東照宮を訪ねてみたのですが、結婚式場を新設したもののその経営が不調だったようで、東照宮自体が跡形もなくなっていました。

家康に可愛がられた男

藤堂高虎は主人を何度も変えながら、立身出世を果たした人として知られています。生まれは近江国犬上郡藤堂村（いまの滋賀県犬上郡甲良町）。父は武士でしたが、没落して農民同様だったそうです。幼名は与吉で通称は与右衛門。立派な体格（六尺二寸、約百九十センチメートルの大男）をしていて、はじめ浅井《あざい》長政（一五四五―一五七三）に足軽として仕え、浅井家滅亡後は同家の旧臣だった阿《あ》閉貞征《つじさだゆき》（？―一五八二）、次いで同じく浅井旧臣の磯野員昌《かずまさ》（一五二三―一五九〇）、さらに近江に所領を持っていた織田信長（一五三四―一五八二）の甥・織田信澄《のぶずみ》（津田とも。？―一五八二）に仕えました。でもどれも長続きしなかった。

彼が本格的に頭角を現すのは、一五七六（天正四）年に羽柴秀吉（一五三七―一五九八）の弟・秀長（一五四〇―一五九一）に仕えてから。秀長陣営に属して秀吉の数々の戦いに従軍し、功績を挙げていきます。秀長が総大将を務めた四国平定戦の後に、ついに一万石を得て大名に。このころから、戦《いくさ》働きのみならず、城の普請にも非凡な手腕を発揮しました。一五九一（天正一九）年に秀長が死去すると、養子の豊臣秀保《ひでやす》（一五七九―一五九五）に仕えますが、秀保が早世したため、出家して高野山に入ります。彼は惚れ込んだ主家には、徹底して献身するタイプだったようですね。秀長の家が絶えたので、もう武士稼業は終わり。宮仕えはしません、という意思表示をしたわけですが、秀吉がその才を惜しんで呼び戻し、伊予国板島（いまの宇和島市）七万石を与えました。朝鮮の役では水軍を率いて武功を挙げ、帰国後に大洲《おおず》城一万石を加増されました。このとき、居城を大洲に移したのか、板島のままだったのか、調べがつきませんでした。

秀吉の死後、高虎はぐいぐい家康に接近していきます。家康も高虎を高く評価し、譜代《ふだい》大名のように扱いました。「関ヶ原の戦い」（一六〇〇）ではもちろん東軍につき、戦後には旧領を含む伊予・今治二十万石の大名に。その後も江戸城改築などで功を挙げ、伊賀一国、並びに伊勢八郡二十二万石に加増移封され、津藩主となります。近江に井伊家、伊勢に藤堂家と並べ、背後の尾張徳川家がバックアップする。これが家康にとっての、VS大坂・VS上方ベストメンバーだったのでしょう。大坂の陣では徳川方の主力の一角として奮戦し、二十七万石に。のち三十二万石まで加増されます。

残る疑問

こうしてみていくと、高虎が本当に重みを示すようになったのは、家康に臣従してから、といえるでしょう。ともかく家康は高虎を可愛がった。今後、戦が起きたときは、譜代大名の先陣は井伊家が、外様《とざま》大名の先陣は藤堂家が務めよ、なんていっている。亡くなる前にも枕頭《ちんとう》に侍《はべ》ることを許され、家康に「世話になったが我々は宗派が違うので、来世ではそなたと会えぬなあ」といわれると、すぐに別室で天海に頼んで宗派替えを行い、「私は日蓮宗でしたが大御所様の宗旨である天台宗に改めました。これで来世でもお仕えすることができます」と応答したといいます。あの世には豊臣秀長もいたわけで、ふたりは高虎の取り合いをしたのでしょうか。

江戸や京都との関係を考慮するなら、伊勢・伊賀三十二万石は九州で五十万石よりも重いかもしれない。ケチな家康が、高虎には大盤振る舞いです。信長、秀吉ならいざ知らず、家康はこういう人事はまずやらない。側近中の側近である本多正信（一五三八－一六一六）ですら、死ぬまで二万二千石。一万石という説もあります。ふたりはウマが合ったとしかいいようがないのですが、やはり疑問は残ります。

それはどういうことかというと、「忠実かつ精強無比なる三河武士団」の存在です。彼らを差し置いて、なんで外様の高虎なのか。天海なら仕方がない。彼は僧侶なので働き方が違う。でも高虎は？　そういえば井伊直政（一五六一－一六〇二）も譜代大名とはいえ、根っから松平＝徳川家の家臣ではない、浜松時代からの新参者ですね。

本書を書いていく前に、私はこの疑問を、とりあえず提示しておくことにいたします。読み終わったときに、皆さんはどうお感じになるでしょうか。私が今考えている家康の実像、では、見ていきましょう。

目次

徳川家康略年譜

西暦	和暦	年齢	出来事
1543	天文11	1	三河・岡崎城に生誕(幼名・竹千代)
1544	天文13	3	父・松平広忠と母・於大が離縁
1547	天文16	6	今川氏に送られるはずが、尾張・織田氏の人質に
1549	天文18	8	人質交換で今川義元の下へ
1555	天文24	14	元服し、元信と称す(のちに元康)
1559	永禄 2	18	嫡男・信康、生誕
1560	永禄 3	19	桶狭間の戦い。岡崎へ
1563	永禄 6	22	家康と改名
1564	永禄 7	23	三河一向一揆を鎮圧
1566	永禄 9	25	徳川と改姓。従五位下三河守に
1570	元亀 元	29	姉川の戦い
1572	元亀 3	31	武田信玄が西上作戦を開始。三方ヶ原の戦い
1573	元亀 4	32	信玄死去
1575	天正 3	34	長篠の戦い
1579	天正 7	38	正室・築山殿を殺害、信康を切腹させる
1582	天正10	41	本能寺の変。「神君伊賀越え」で堺から岡崎へ戻る
1583	天正11	42	賤ヶ岳の戦い
1584	天正12	43	小牧・長久手の戦い
1586	天正14	45	大坂城で豊臣秀吉に拝謁、臣従
1590	天正18	49	小田原征伐。関東移封、江戸入城
1592	文禄 元	51	朝鮮出兵(文禄の役)、渡海せず
1597	慶長 2	56	朝鮮出兵(慶長の役)、渡海せず
1598	慶長 3	57	秀吉死去
1600	慶長 5	59	関ヶ原の戦い
1603	慶長 8	62	征夷大将軍に
1607	慶長12	66	駿府城に移る(大御所政治)
1614	慶長19	73	方広寺鐘銘事件。大坂冬の陣
1615	慶長20	74	大坂夏の陣
1616	元和 2	75	死去

能登
越後
越中
海津城
下野
飛騨
信濃
上野
宇都宮
箕輪(高崎)
館林
諏訪
小山
河越(川越)
武蔵
甲府
甲斐
江戸
下総
相模
篠
遠江
駿河
小田原
上総
江尻
三方ヶ原
駿府
大多喜
浜松
伊豆
安房
高天神城

徳川家康関連略地図

加賀
越前
丹後
但馬
若狭
×賤ヶ岳
美濃
播磨
丹波
×姉川
岐阜
清洲城
×関ヶ原
姫路城
京
佐和山城
小牧山
×
尾張
長久手
摂津
伏見城
近江
桑名
名古屋
大坂
山城
×
桶狭間
堺
伊賀
河内
淡路
和泉
岡崎
大和
三河
伊勢
吉田(豊橋)
紀伊
志摩

第一章

家康の生きざま——よく耐えたよ、家康

最後に勝ち残ったのは平凡な男

徳川家康という人は、よくある物語の主人公のようなすごい才能の持ち主ではありませんでした。ただ、努力を怠らない人だった。最初は平凡なポジションであっても、七十数年の生涯をかけてずっと努力を重ねたおかげで、最終的には非凡なところまで行くことができた。私たちはそんな家康にならば、なれるかもしれません。織田信長にはなれない。とても無理そうです。豊臣秀吉にもなれそうにはないです。しかし家康にならなれるかもしれない。

わかっていただけると思いますが、これは決して家康のことを低く見ているわけではないのです。信長の場合は、すごい人ではありますが、たくさんの人を殺してきたでしょう。秀吉も、そうしたところがあります。しかし家康は、いわばふつうの市民的な価値観の持ち主で、あまり人を殺さない。そうしたところでも、私たちは家康にならばなれるかもしれないと感じます。

徳川家康の生涯をふり返って真っ先に抱くのは、やはり「よく耐えたよ、家康さん」との思いです。

彼の祖父、松平清康（一五一一－一五三五）は、なかなか優れた人だったようです。しかしお父さんの広忠（一五二六－一五四九）はわりと平凡な感じ。だから、家康の松平家について「もともと三河国を統一していた」といわれますが、これはどうもあやしい。家康は最初、駿河の今川義元（一五一九－一五六〇）のもとに人質に出され、その途中で拉致されて、今度は尾張に連れて行かれたという話がありますが、「三河一国を支配する大名の子が軽々と捕らわれて、あっちこっちで人質になっていた」というのはよく考えると不思議な状況です。要するに当時の松平家は、それほど大きな家ではなかった。だから家康の扱いもずいぶんと軽いものだった、と見ておいたほうがいいと思います。

桶狭間では岡部元信より評価が下

もし「桶狭間の戦い」（一五六〇）がなかったとしたら？　戦いがあったとしても、そこで今川義元が戦死しなかったとしたら？　徳川家康になる前の松平元康は、どういう生涯を送っていたことでしょう。有力で大事な武将ではあったとしても、今川の一武将として一生を送っていた。そうした人生だったような気がします。

そもそも「桶狭間の戦い」とは、なんのための戦いだったのか。この点については、私はようやく基本的に理解できたと考えているのですが、これは鳴海《なるみ》城というお城をめぐって織田と今川の間で行われた戦いでした。鳴海城はもともと織田の勢力下にあったのですが、それが今川に寝返ります。信長は、鳴海城に対して三つの砦を造って包囲する。それを救援するために、今川義元は軍勢を率いて出撃した。だから「桶狭間の戦い」とは鳴海城の後詰め。今川から見れば、織田の包囲から鳴海城を救援するための戦いだったのです。

しかしその鳴海城が、なぜ義元自ら出撃するほどの価値があったのかというと、このお城は知多半島の付け根にありました。だからこの城をもぎとることで、知多半島を支配できる可能性が高まる。知多半島には常滑焼などの焼物が特産品としてあります。またここを手に入れることで、三河湾において行われる交易の権益も手に入る。つまり知多半島は領土としてなかなかおいしかったのです。

またこの半島は尾張国ではあるのですが、昔から分郡という形で尾張国全体から切り離されてきました。

室町時代に尾張国の守護大名として斯波《しば》氏が置かれます。守護大名といえば一国すべてを持つことになるのがふつうなのですが、しかし一国の中で、ある郡だけを違う大名に持たせることもあって、それを「分郡守護」と呼びます。知多半島はまさにその分郡守護の形で、尾張の中でも知多郡と海東郡は一色《いっしき》氏のものになっていました。結果、戦国時代においては「尾張から切り離されて存在することがふつう」という、ちょっと変わった状況にありました。

今川義元の目論見は、鳴海城を確保することでその知多半島を尾張国から切り離し、領有する。そうして戦われたのが、「桶狭間の戦い」だったのだと思います。

この「桶狭間の戦い」で松平元康は初陣を飾る。主戦場は鳴海城でした。その鳴海城の守備に入ったのは岡部元信（?―一五八一）という武士です。この人はなかなかの戦上手で、今川が潰れた後は武田のほうへ仕官し、これはのちにあらためてふれますが、有名な高天《たかてん》神《じん》城で戦うことになる人物です。

いっぽう初陣の松平元康に割り振られた役目は、鳴海城に続いて今川の支配下に入っていた大高《おおだか》城に兵糧を運ぶこと。大高城を守備する今川勢に兵站《へいたん》をつなぎ、「食糧を持ってきたから、もうちょっと頑張ってくれ。そのうちに今川義元様の本軍が来るから」という形で支援する。そうした作戦行動を任されていました。

ということは最前線に配備された岡部元信と比べて、松平元康はあくまで下に見られていたわけです。もちろんベテランの岡部と初陣の松平元康ということであれば、そうした割り振りは当然ではある。しかし当時、松平元康の存在は、大高城に兵糧を運び込む程度の「コマ」としか見られていなかったことは、やはり間違いない。

彼の妻子は鵜殿と交換

さらに、当時の彼のポジションを考える上で面白いと感じるのは「桶狭間の戦い」の

〈その後〉の状況です。家康は今川義元の戦死を受けて、岡崎に帰って独立するという動きを見せる。しかし妻子は今川家に残されたままなので、人質に取られた形になります。その妻がのちの築山殿（?－一五七九）。子が嫡男の信康（一五五九－一五七九）です。

松平元康は今川から独立した。つまり裏切ったというわけですから、こうした状況では、人質は殺されてしまうのがふつうなのです。しかし家康の妻のお父さんは関口親永《ちかなが》（一五一六－一五六二）という人で、この人は今川の一族。築山殿も当然、一族なので、とりあえず殺さずにおくということになった。

その後、家康は岡崎を本拠地にして三河の平定戦を始める。その際に鵜殿《うどの》長持（一五一三－一五五七）という武士を攻めて、見事に城を落とし生け捕りにします。この鵜殿も今川の縁者。今川義元が戦死したのち今川家を継いだのは息子の氏真《うじざね》（一五三八－一六一四）ですが、鵜殿長持は氏真のいとこにあたります。家康は「鵜殿の命を助けるかわりに人質を返してください」という交渉を行って、それが実を結んで、無事に築山殿と子どもは返ってくることになりました。

ということは、鵜殿長持と家康の妻と子は「価値としてだいたい釣り合っていた」ということになります。ではその鵜殿が、どれほど重要な存在だったかというと、今川家では消息を聞かず、三河を平定したのちの家康の家来になっていた。そして徳川の旗本として幕末になっても存続しています。

幕末のどこで出てくるかというと実は新撰組に関連して出てきます。新撰組の前身は、浪士組。徳川家茂（一八四六－一八六六）将軍が江戸から京都に行く際に、露払いといいますか、先行して京都に送り治安を守らせる。そのために腕に覚えがある浪人を募集して編成された部隊でした。この話は「新撰組前史」としてよく知られていますね。

浪士組は、出羽庄内の郷士出身の清河《きよかわ》八郎（一八三〇－一八六三）の献策で生まれたものですが、祐天《ゆうてん》仙之助（一八二〇－一八六三）というヤクザの親分が大勢の子分を連れて参加し、幹部級の扱いとなっていた。つまりいってみれば寄せ集め。どこの馬の骨だかわからない人間が多数入り込んでいました。しかも浪士組が京都に到着したところで、部隊に帯同してきた清河八郎が「諸君も同じだと思うが、本当にやりたいのは尊王攘夷である」などといい出して、江戸に帰ることになります。

そのときに「俺たちは将軍の警護のためにここに来たんだから」ということで残ったメンツが芹沢鴨（？－一八六三）と近藤勇（一八三四－一八六八）のグループで、これが新撰組になっていくわけですが、このもともとの浪士組を率いていた幕府の役人が鵜殿鳩翁《きゆうおう》（一八〇八－一八六九）という旗本でした。鳩翁というからには当時、すでに高齢だったのでしょうが、この鵜殿が、あの鵜殿長持の子孫です。調べてみると旗本といってもそこまで大身ではなく、五百石程度。鵜殿という旗本の家は何軒かあるのですが、どこも大きな旗本はいません。

つまり鵜殿は徳川の家来になったといっても、後に大名になるような有力者ではなかった。また大きく有力な旗本になることもなかったわけで、それくらいの存在感の人と家康の奥さんと子どもが釣り合っていたということになります。そうしたことを見ても、家康が「もともと三河を支配する戦国大名の家の子だった」という話はどうも嘘らしい。むしろ大したことはなかったようです。

だからもし「桶狭間の戦い」がなかったとしたら、家康は今川に岡崎の領有を許されて、城主にはなっていたかもしれない。しかし、それでどれくらいの領地をもらえるかはわからない。とにかく今川の一武将で終わっていたのではないかという気がします。

藤原家康などと署名している

家康は実は非常な学問好きとしても知られています。亡くなるまで一生懸命に学問していた人です。ところが、そんな彼の、初期の文書の署名を見ると、「藤原家康」と書いていたりするのです。後には「源家康」となって征夷大将軍に任命され、その結果「源氏でないと征夷大将軍にはなれない」という神話が生まれるのですが、最初のころの家康は、源氏ではなく藤原姓を称していたわけです。

この藤原は「源平藤橘」といった姓のひとつですね。これはファミリーネームの「家名」ではなく姓《かばね》と呼ばれますが、この姓と、徳川とか織田とかいった家の名はどう違うかという話は、現代でもなかなか説明が難しいのです。

まず源、平、藤原、橘《たちばな》と四つの姓が並べられる理由も謎なのですが、ほかにも小槻《おづき》や清原、このあいだ調べてみたら高橋も姓のひとつ。この姓は、室町時代になりますと意図は不明ながら「屍」という漢字をあてて「かばね」と読ませている例も出てきます。この姓と家の名前はどう違うのか。これが難しいのですが、家康もよくわかっていなかった。だから「うちの姓はなんだっけ?」といったときに「藤原かな」という感じで、適当に藤原と署名していたようです。

信長も最初、藤原信長（のち平信長）と書いています。だからそのあたりは全体的にもともといいかげんといえばいいかげんなのかもしれませんが、非常に勉強している印象のある家康であっても、最初はそれほど大した教養人ではなかったのかなという気がします。

清洲同盟締結

しかし家康は、少しずつ頑張ってやがて三河で図抜けた存在になっていく。そこで尾張の織田信長との間に同盟を結びます。それが清洲同盟ですね。この同盟はいわゆる攻守同盟で、つまり「どちらかが攻められたらもう一方は助けに行く」という内容であるとされています。この清洲同盟が非常に有名なために、私たちは戦国時代の同盟を見誤ってしまう可能性があります。

家康はこの同盟を最後まで律儀に守り通しました。だから戦国時代の同盟はそれほど固く、みんな約束を守っていたのかと思うと、実はそんなことはまったくない。守り通した家康のほうが、よほどレアな存在でした。

有名なところでは、武田と北条と今川がいわゆる「三国同盟」を結んでいます。大名同士が同盟を結ぶ際は、娘を嫁がせたり、もらったりという形で、婚姻によって家と家の関係を深くするのがふつう。武田と北条と今川の場合も同盟を結んだ上に、さらに婚姻による二重三重に深い結びつきをもっていました。

北条は関東管領《かんれい》の上杉と戦って、関東地方を平定したい。武田は武田で信濃に自分の勢力を伸ばしたい。さらには上杉と戦いたい。こちらの上杉は関東管領ではなく、越後の上杉謙信（一五三〇－一五七八）の上杉家ですね。この時期はまだ長尾景虎と呼ぶべきかもしれません。そして今川は背後から攻められることを気にせず西へ西へ、東海道沿いに勢力を伸ばしたい。

ということでこの三国が手を握ることはそれぞれにメリットがありました。逆にいえば、メリットがあるからこそ、同盟を結ぶ意味があった。しかし今川義元が桶狭間で戦死してしまった結果、今川は弱体化していきます。そうすると「いの一番」に武田信玄（一五二一―一五七三）が同盟を破って、駿河に攻め込む。

信玄の意図としては海が欲しかったのだろうと思います。彼の領土、甲斐国・信濃国は山間部ですから海がない。だからどうしても港が欲しくて、駿河に攻め込んだ。「港が欲しかった」という想定のひとつの裏づけとして、彼は駿河に攻め込んだのち、今川がずっと支配の拠点としていた駿府には本拠地を置いていないのです。どこに置いたかというと江尻《えじり》。江尻は海に面していて港があった。この選択は、どれだけ海に出たかったか、港がほしかったかという根拠になると思っています。

それはともかくも、このときの信玄のように、同盟といっても「裏切ることが前提」。いや、そこまではいえないかもしれませんが、「戦国大名同士の約束は破られるもの」という前提は常識ではありました。

たとえば浅井長政も織田信長との同盟を破棄し、攻めかけています。このときの浅井は、美人で有名な信長の妹を妻に迎えて、織田と婚姻関係も結んでいました。それなのに裏切ったわけです。こうした例を見ていると、家康が信長との間に同盟を結び、それを真面目に守り続けたことが、むしろ驚くべきことに感じられるわけです。

やがて信長は天下人と呼ばれる存在にまで駆け上がっていった。そうした彼を裏切ることは、正直お得ではなかった。メリットがなかったと見ることもできますが、それはあくまで現代からみた結果論であって、リアルタイムのときに先行きはわからない。だから実際に浅井長政は裏切ったわけでしょう。

いっぽう家康は、ひたすら信長との同盟を守り抜きました。しかもその清洲同盟において家康に与えられた役割は「対武田の壁」でした。武田の攻撃に対する防御です。

対武田の捨て駒にされる

家康が期待された役割としては、ともかく武田が攻めてきたらその前に立ちはだかること。その役目を家康は律儀に守り続けたわけですが、しかしやはり当時の武田は強かった。三河武士団も家康に忠実で、すごく強かったという伝説がありますが、この話には次の章でふれるように、実は疑問があるのです。しかし武田は間違いなく本当に強い。そうした軍勢が攻めかかってくる。だから家康は信長に何回も「援軍を送ってくれ。助けてくれ」という要請を出しているのですが、信長のほうは援軍をぜんぜん送らない。けっこう家康のことを見捨てているのです。

武田信玄が西上作戦を開始し徳川に攻め込んだときなどは、武田の総力をあげて襲いかかってきた。家康もここは必死で信長に「助けてくれ」と救援を申し入れるのですが、やってきた援軍は三千。そんなものでした。信長にも事情はあったでしょうが、家康のことをいかに捨て石としか考えていなかったかがわかります。

だから考えてみれば考えてみるほど、「よくあそこで家康は、武田につかなかったな」と感じてしまいます。織田との同盟を破棄して武田につく。当時の戦国大名であれば、これをやることにそれほど抵抗はないはずなのですね。武田信玄がイケイケであればそちらに寝返ることはできたはずなのに、家康はそれをせずよく頑張った。一生懸命、信長との約束を守って戦うわけです。

家康はあたかも、信長にとって忠犬ハチ公のような存在でした。しかしそれが最終的に、「家康というのは律儀な人である」という評判を獲得することにつながった。律儀な人とは、いい換えると「信用できる人」ということです。

世間を渡っていく上でこの「信用」というものが案外、大事です。現代でも、信用がないと、たとえばちゃんと借金を返済しているにもかかわらず、銀行からお金を借りることができなかったりする。ローンを組もうとしても「これ以上はダメです」といわれたりするなど、そうしたひどい目に遭うわけです。

いかに信用が大切か。戦国大名であっても信用がなければ、活動に制約を受ける。しかし家康は「律儀な人」という評価を勝ち取っていて、その看板が結局、彼を天下人に押し上げた。信長にとってのハチ公を演じたことが、後に彼の大きな財産となったわけです。

信長に嫡男の自害を命じられる

ただ、それほど信長に尽くしたあげくに、家康は信長に嫡男の信康を殺されてしまうことになります。この大事件についてはのちにあらためてふれますが、これはやはり大変な出来事だったはず。

信康自害についてはいろいろと説があり、中には変な話もあって、案外、力を持っているのが家康と信康の「不仲説」。当時の家康は、拠点を遠江の浜松に移し、対武田の最前線にいました。その家康&浜松グループと、岡崎にいた信康&岡崎グループの間で対立があった。だから本当に関係が悪かったのは家康と信康であって、だから息子を殺すことに抵抗はぜんぜんなかった。むしろ信長に「切腹を命じてくれ」と働きかけたのが家康だったという説も見られます。

しかしそうした説には根拠があまりないのです。とにかく変わった学説を出して注目を集めることができたら成功。率直にいって、そうした比較的、底の浅い説なのかなと思うのですが、やはり家康にとって、嫡男を失う事態は大変な出来事だったはずです。

信長は、信康と武田との間に密約があるということで自害を命じた。これは事実です。また家康の正室である築山殿も、武田とつながりがあるとして殺している。なぜ信長がこのようなことを突然いい出したかというと、どうも武田とつながりの証拠が出てきたのではないか。そう考えるのがいいと私は思っています。このことについては、第三章であらためて述べます。

築山殿とはラブラブだったのか否か

築山殿と家康の関係もまた、判断が難しい。いろいろな考え方がありますが、私も一時期は、「家康と築山殿は実は仲が良かった」と見ていました。

築山殿には「性格の悪い人だった」という伝説がありますが、この人は家康に殺されてしまったわけです。それを正当化したい意図が働いて、江戸時代に「悪女だった」という話がつくられた。だからそれをそのまま受け取るのは、浅い見かただと考えていました。

たとえば家康は、築山殿と別居していた浜松時代に、子どもをつくっていない。のちの家康を見ると、この人は本来、子どもがどんどんできる体質でした。しかし浜松時代の家康は、ほとんど子どもをつくっていない。ということは、女性にあまり手を出していなかったのかもしれない。「それは築山殿に対する遠慮があったためだ」という考え方が成立するわけで、そのため私は一時期「家康&築山殿ラブラブ説」を真剣に考えていました。

しかしやはり「ラブラブ説」には無理がある。実は家康は、三河の岡崎にいたとき、築山殿を岡崎城に入れていないのです。城外の屋敷に住まわせていた。ここに築山があったために、彼女は築山殿と呼ばれることになります。

その後、彼女が岡崎城に入るようになったとき、家康自身は出ていって浜松に拠点を移した。彼はどうしても築山殿といっしょにいるのが嫌だったらしい。

なぜそのように仲が悪かったのか。考えてみると、家康の側には築山殿を嫌う理由はないのかもしれないけれど、築山殿側にはあるのです。築山殿の父親は関口親永という今川の一族だと先に述べましたが、家康が独立したことによって、この人が責任をとって切腹させられていた。家康の行動によって自分の親が殺されたわけですから、それは関係も険悪になるだろうという気もするわけです。

いっぽう、信康については、彼を後継者にしてもはや万全。「あとは任せた」という心境でいたのではないか。そうじゃなかったら、信康の弟になる男子をどんどん作っていたはずです。総合的に見たところ、家康は信康という存在を、息子ながら相当に頼りにしていた。その後継者を、信長の「腹を切らせろ」という命令で失うことになってしまった。

奥さんのことはなんとか乗り越えることができたとしても、後継者を死なせる事態は、受け止めるにしても相当厳しかったことと思います。

有名な話ですが、のちの「関ヶ原の戦い」のときに、彼は「もし倅《せがれ》がいたら俺もこの歳で戦場に出るような苦労はしないで済んだのになあ」と漏らした。家来が「倅様は今、東山道を経由してもうちょっとで関ヶ原につきますよ」と答えたら「そちらの倅ではない」といったという逸話があります。つまり家康にとって、ずっと後々まで息子とは信康のことだった。そうしたことを考えるとやはり家康は、信康に対して大切な跡取りという思いを持っていた。であれば信長の「腹を切らせろ」という命令はとんでもない話だったのではないかと思うのですが、こんな無理な命令さえ家康は耐えた。家康の生涯を見るとしみじみと「よく耐えたよ」と感じます。

秀吉にまで頭を下げることになる

信長亡きあとは、豊臣秀吉が天下人となった。家康は、今度は彼に頭を下げることになります。とにかく秀吉に従って、朝日姫（一五四三－一五九〇）という彼の妹を妻に迎えますが、姫といってもそれは名ばかりで、秀吉の妹ということは、ただの地元のおばちゃんだったわけです。そうした婚姻政策をしれっとやってのける秀吉も秀吉ですが、秀吉の下でまた、家康は我慢を重ねることになる。

一番重い命令は国替えでした。「今までの領地はすべてよこせ。関東に行け」と。これは今の関東に行けといわれるのとはぜんぜんニュアンスが違います。たとえば都心の家を持っている人が、その敷地を召し上げられて、広さだけは倍あるど田舎に行けといわれるようなものです。左遷以外の何物でもない。しかもやがて本社に戻してもらえるわけではなく、死ぬまでそこで働けといわれる。

かつて菅原道真（八四五－九〇三）は、都を追われて九州に左遷されただけで、祟りを引き起こして神として祀られました。家康も怒っていいのですが、それでも彼は「わかりました。頑張ります」と従う。おとなしく駿河や三河を引き渡して、関東に行くわけです。行ってみたら江戸は水はけが悪く、人がまともに住めない土地だった。しかしそういうところでも彼は頑張って、利根川を曲げて鹿島灘に注ぎ込むようにするという大土木工事を行って、なんとか江戸を人が住むことのできる土地にしていった。

秀吉は六十三歳で亡くなります。これは別に短命ではなく、むしろ当時の人からすれば平均以上の寿命を生きたことになります。家康は七十五歳まで生きました。こちらは当時としては間違いなく相当の長寿でしたが、もし四十五歳とかでぽっくり死んでしまっていても、みんな若死にとは感じなかったことでしょう。それが当時の感覚でした。

だから秀吉のほうが長く生きた歴史というものがあっても決しておかしくはなかった。逆にいえば、家康がとにかく死なないで我慢して生き延びた結果、それがのちに江戸幕府をつくることにつながったわけです。とにかく秀吉が死ぬのを待って、一生懸命耐えて耐えて長生きしたおかげで、最後は天下人になった。爆発しないでずっと我慢して、ライバルがみな死んでしまうまで生き延びてきた家康が、最後に勝ったわけです。家康とは、そうした我慢のできる人でした。

しかし、「我慢」というのは簡単ですが、家康の生涯というのは対武田の捨て駒にされたり、息子を殺されたり、辺境に左遷されたり。ふつうならばどこかで爆発する。爆発していたとしても、誰もが「無理もないよ、家康さん」と感じることでしょう。しかし彼は、大変な思いを次々に耐えて耐えて耐え抜いたわけです。本当によく頑張ったねと思います。

待った男が天下をつかむ

家康が語ったとされる、「人の一生とは重荷を負うて遠き道を行くがごとし。いそぐべからず」という言葉があります。これは実際にはとても家康がいったとは思われないのですが、しかしいかにも彼にふさわしい言葉だと受け止めることができる。

彼は関ヶ原のあと、豊臣家を滅ぼすのに十五年もかけた。慎重の上に慎重を期す。性急に結果を求めず、「石橋を叩いて渡らない」的な発想を実行するのは家康ならではのことでしょう。それは家康が自分の健康にどれくらい自信をもっていたかという話にもなります。すでに高齢で、自分の死が間近に控えていた。いつぽっくり死んでも全然おかしくないという状況でしたが、それで十五年も機会を待った。よく我慢したなと思います。

彼は豊臣家が滅んだのを見届けて次の年に死ぬ。この人物を評するにあたっていわれる「待ちの家康」という言葉は、たしかにその通りだと思います。その「待ち」の姿勢は、ふつうの人であればとても耐えられない、彼だからこそ本当にやってのけられるものでした。

第二章

家康の家臣団
——精強にして忠実な三河武士？

三河武士の伝説はプロパガンダ？

家康は、織田信長や豊臣秀吉のような天賦の才は持っていなかった。しかし彼には「精強にして忠実な三河武士団の家来がいた」という伝説があります。その三河の家来たちが、家康がまだ松平元康として駿府で人質になっていた時期、ひたすら殿の帰りを待っていた。そうした夢も希望もある話になっています。しかしそれは、本当のところどうなのでしょうか。私には疑問があって正直、嘘だろうと思っています。

東海地方の武士の中で、三河武士ばかりが厳しい環境にいたわけではない。だから三河武士だけが戦いに強いということもない。実際問題、ある時点まで、三河武士は武田と戦えばボロボロに負けていたわけです。そうなると甲斐の武士のほうが強いということになります。

となりの尾張には、織田信長がいる。彼の軍勢がなぜ強かったか。一時期よく指摘された理由は、「信長の軍はプロ集団だった」という見かた。要するに兵農分離が進み、農業が主体の他国とは違って、戦闘に特化した軍だったという説です。しかし現実として「となりの国で起きていることが、こちらの国では起きていません」ということは、なかなかないわけですよ。いくら信長が天才であったとしても、楽市楽座は彼が独創的に行っていたわけではなく、同じようなことは他国でも行われていた。となりの国で行われていてよかった試みは、近隣の国も真似をする。逆に三河に存在する風土は、となりの尾張や遠江にもある程度は存在したことでしょう。そうした発想をするほうがふつうではないかなと思います。

だから「三河だけ特別で、忠実で精強な武士団がいた」という話はあまり当てにしてはいけない。大久保彦左衛門（一五六〇－一六三九）が書いた『三河物語』などで、「三河武士は精強無比。しかも忠実で我慢強く、戦いに強かった」というイメージが広まっていますが、それは家康が天下をとってしまってから、あとづけでつくられた物語です。結果から逆に導き出された、プロパガンダのようなものと考えるのがふつうでしょう。

松平家臣団の分類

では家康と家臣の関係をあらためて見ていくと、大きくいえば、徳川家の家臣団には安《あん》祥《じょう》譜代、岡崎譜代、駿府譜代という、三つの分類があります。安祥は現代では「三河安城」という新幹線の駅になっていますが、松平家のルーツとなる土地。つまり安祥譜代はこの時期から従っていた、もっとも古参の家来になります。これが七家あった。岡崎は家康の祖父の清康が攻め取って本拠地としますが、岡崎譜代はここからの家来。こちらが十六家。そして駿府譜代は家康の代になって駿河に進出してからの家来で、譜代の中でも新参ということになります。

これは『柳営秘鑑《りゅうえいひかん》』という書物にある分類です。江戸幕府のことを当時は柳営と呼んでいました。つまり『柳営秘鑑』とは「幕府の秘密の歴史」という意味です。

ただ大久保彦左衛門が書いた『三河物語』では、安祥譜代と岡崎譜代の間にさらに山中譜代という家を置いています。だから安祥、岡崎、駿府という分類も、そこまで明確に確定したものかというとそうでもないようなのですが、だいたいこうグループ分けできる譜代の家臣たちがいた。そして、『三河物語』では「我ら家臣たちは松平家に対して絶対的な忠誠心をもっていたのだ」といったように書かれているわけです。ですがこうした、家康が偉くなったあとに書かれた記述を、そのまま受け取るのは危ないものです。

桶狭間後に独立したというけれど

たとえば「桶狭間の戦い」の〈その後〉の状況を考えてみましょう。第一章で述べましたが、当時はまだ松平元康だった家康は、今川義元に大高城に兵糧を運びこむように命令された。それでともかくも現地に赴いて、見事に任務を成功させます。しかしその大高城で、義元の戦死と、今川軍が壊滅的な大打撃を受けたことを知る。

このときの家康には「今川領の駿府に帰るか」、あるいは「父祖の地、三河の岡崎に戻って独立するか」というふたつの選択肢があった。彼が結局、今川と別れ岡崎に戻るという決断をしたことは、ご存じの通りです。しかし家康は岡崎には戻るのですが、実はそのまま岡崎城には入っていないのです。

どう考えても防御力は城が一番高い。ですから、まずはなにがあってもとにかく岡崎城に入るのがふつうでしょう。しかも、岡崎には彼の帰りを首を長くして待っている三河武士団がいるはずなのですから。「おーい、戻ったぞ」と胸を張って帰還し、忠実な武士団が「殿様、よくぞ帰ってくださいました！」と感涙にむせぶ再会シーンになるはずです。

しかしこのときの家康は岡崎城には入らず、先祖代々のお墓がある、今の岡崎市内にある大樹寺というお寺に行くのです。大樹寺に入ったあとも、安心して滞在していたわけではない。敵が攻めてきたらどうしようと心配もし、実際に家康の首を狙って武士たちが襲ってきた。大樹寺には僧兵的な存在もいたので、彼らが一生懸命防戦して追い払ってくれましたが、家康はご先祖様たちのお墓の前で腹を切る覚悟まで決めていたといいます。

ここで襲ってきた敵は、さすがに織田の軍勢ではないでしょう。織田の軍勢が桶狭間を通り過ぎて、三河まで攻めてくるはずがないのです。では家康が想定していた敵とは誰か？　実際に来た武士たちは誰か？　というと、これは三河武士そのものではないか。だからこそ彼は、岡崎城に入っていない。そうすると主人を慕う三河武士、主従の麗しい絆なんてぜんぶ嘘だったじゃないかという話になるわけです。

実はシティボーイの徳川家康

想像をたくましくすると、家康は一六〇三年に征夷大将軍になってから大坂から江戸城に帰る。そして江戸城で暮らし将軍として日本全国の大名に号令をかける。さらに二年後の一六〇五年に将軍職を息子の秀忠（一五七九－一六三二）に譲って、秀忠が二代目将軍になる。そうして隠居した家康が江戸を去ってどこに落ち着いたかというと、駿府に行った。父祖からの故郷であるはずの岡崎には戻りませんでした。

たしかに駿府は名古屋と江戸の中間にあって、東海地方の重要ポイントになる。だから家康が隠居場所として駿府を選んだのは悪くない選択です。しかしおそらくこのときの家康は将軍職を息子に譲って、自分自身はもう暮らすのに一番気持ちいいところを選んだのだと思うのです。江戸城は秀忠に任せた。名古屋城にも息子の徳川義直（一六〇〇－一六五〇）を置き、しかも天下普請ということで、大名たちにみんな寄ってたかって名古屋城を造らせた。名古屋から江戸までずっと徳川領です。そのどこにでも住みたいところに住んでよかったわけですが、家康は岡崎ではなく、駿府に行った。

もしも家康が自分のアイデンティティを岡崎に置いていたのであれば、隠居したのち、岡崎城に帰ったことでしょう。「岡崎城だと規模が小さい」というのであれば、そこでまた大々的に天下普請を行って大きくすればいいだけのことです。しかし家康としては岡崎よりも駿府のほうが好きだった。

たとえば源頼朝（一一四七－一一九九）の場合は、生まれた場所はよくわからないのですが、育ったのは都。彼の精神形成が行われた土地は京都なのです。だから彼は根っから都会の人でした。ということは、草深い田舎出身の北条政子（一一五七－一二二五）は本当のところタイプではなかった。と、思われるのですが、彼女を一生大切にしたのは、そこに政治的な計算もあったのでしょう。

ちなみに、そうした父の姿を見ていた息子の実朝（一一九二－一二一九）は「俺は都の女性がいいね」ということで京都からお姫様をもらった。そのとき頼朝はもうこの世にいませんでしたが、もし生きていれば「やめておけ」といったはずです。そのようなことをやるから実朝は関東の武士たちに愛想を尽かされて殺されてしまったわけです。

それはともかく、家康の場合は、どの土地で精神形成されたかというと岡崎ではない。おそらく彼のアイデンティティは、人質として幼少期から過ごした駿府にあった。駿府は昔からの今川の本拠地。伝統もあるし、最新文化も取り入れている。いってみれば都会です。家康は都会で育ったシティボーイだったのです。その彼にしてみたら三河の岡崎は田舎。正直、肌に合わなかったのだと思います。だから彼は、そもそも三河武士のことをそんなに好きではなかったのではないでしょうか。

「あいつら、育ち悪いもんな」みたいな、そうした感情が根っこのところにあったのではないか。実際に家康には、どうも岡崎の武士たちを信用してなかったフシがあります。だからこそ、今川の一武将という立場から離れて「これからは独立して松平家を興そう！」といったときに、いの一番に岡崎城に入ることができなかった。三河武士に対して「俺のことを本当に大事にしてくれるのか？」という疑念があったために、岡崎城ではなくまず大樹寺に入って、様子をうかがっていたのではないでしょうか。

実際問題として、大樹寺に攻めてきたのは家康の親類だったらしい。しかしそれもどこまで本当かなと思います。岡崎で大樹寺に攻め込むとしたらやっぱり地元の三河の武士ではないのかな。時代は戦国時代です。家康の首をあげて一旗揚げてやろうという武士もふつうにいたことでしょう。

三河一向一揆でも家臣たちは裏切った

岡崎に帰還したのち、家康は三河を平定する動きを示します。三河統一の過程で彼が陥った最大の窮地は、一向一揆との戦いでした。一向宗とは浄土宗の教えの一派で、一向一揆とはその門徒たちが起こした大名支配への反乱です。これが三河で起きた。そのとき、相当数の三河武士たちが一向宗側についてしまうのです。一番有名なケースは、のちに家康の参謀として働くことになる本多正信。彼もこのとき一向一揆のほうについた。主人を敵に回して戦うことを選んだのです。

このあたりは当時の武士の面白いところで、戦国武士は、とにかく忠実であることが要求された江戸時代の武士とは違うのです。「自分の働きを評価してくれない主人だったら見限っても全然構いません」という価値観の中で動いている。彼らと比べると、むしろ昭和のビジネスパーソンの人たちのほうがよっぽど会社に忠誠心をもっていましたね。ひとつの会社にずっと勤め続けて、その会社のために一生を捧げるのが当たり前だった。そちらのほうがよほど忠誠心が高いという話です。最近の方たちはわりとドライに、いい報酬を提示されたら転職するとなるようですから、そこはどちらかというと戦国時代の武士に似ています。

それはともかくこの時代の武士は主人への忠義が絶対ということではない。だからこのときの三河武士のように、信仰と主人への忠誠の板ばさみになって「信仰のほうをとる」ということもありました。それは主人からすると裏切りですから、この事実を見ても三河武士団が心からの忠誠を松平家に誓っていたという話は真実ではない、ということになります。

本多正信は、一揆ののち、家康に顔向けできないということで、長く放浪の旅に出ます。やっと帰ってきたのは「本能寺の変」(一五八二)のあと、堺にいた家康が命からがら脱出する「神君伊賀越え」のときあたりですから、家来といってもそのキャリアには、相当の断絶があったわけです。

しかし「主人に弓を引いた」という事態は、やはり相当まずい。それを三河の武士たちはやってしまった。実際に一度は敵になったわけで、こうした武士たちのことを家康が心から信頼することはできなかったとしても無理はない。

ただ家康は、信長のように一向宗を皆殺しにするようなことはやっていません。一揆勢として敵方についた武士たちも「許してやるから帰ってこい」ということで、元に戻していきます。よく我慢して家来に復帰させたなと思いますし、また「復帰を許さないとやっていけない程度の勢力だった」ということでもあったのでしょう。

徳川四天王は、結局は家康が見出した

家康に仕えた譜代大名の代表ということで「徳川四天王」という呼びかたがあります。酒井忠次(一五二七-一五九六)、本多忠勝(一五四八-一六一〇)、榊原康政(一五四八-一六〇六）、井伊直政という名前が挙がります。

では、その四天王筆頭の酒井忠次を家康が信頼していたのかというと、違うのではないか。酒井氏は昔からの松平の家来で、忠次は家康の叔母さんの旦那。なので血はつながっていないですが父方の叔父さんにあたります。この忠次が家来の筆頭第一号であるといえば、ポジション的にはたしかにその通り。しかし家康は、彼のことをあまり好きではなかったのだろうと思われます。彼の処遇をめぐっては、どうも気になることがあるのです。

一五九〇（天正一八）年に家康が関東に入ることになって、昔の東海地方の領地は秀吉にぜんぶ召し上げられました。だから家臣たちもいったんみんな、サラリーはチャラ。新しい舞台の関東であらためて与え直されることになります。そのとき家康は、井伊直政には上野の箕輪《みのわ》（高崎）に十二万石、榊原康政に同じく館林《たてばやし》十万石、そして本多忠勝には上総の大多喜《おおたき》に十万石を与えています。

この中で本多忠勝の本多家は昔からの家来。忠勝の父親も松平に仕えて戦争に出て討ち死にを遂げています。それこそ「忠実で精強無比な三河武士団」という存在をイメージしたときに、本多忠勝のことを考えるのであれば「それはそんなに間違いじゃないのかな」という感じになる武士。まさに「松平と三河武士の主従関係の典型」と見たくなるような人物です。しかし、では残りのふたりはどうかというと、ぜんぜん典型的ではないのです。

榊原康政は家康が見出した人材です。家康に見出され、仕え続けるうちにどんどん才能を開花させていった。この人は三河武士ではありますが、決して譜代だから優遇されたということではなく「有能だから家康に評価された」という側面が強いのです。

井伊直政に至っては有名な話ですが、遠江国出身。ですから家康が浜松にいたときに召し抱えた、新参者の家なのです。新参者である井伊直政が特別に目をかけられて十二万石という、譜代大名の中でもトップの領地を与えられている。

もし古くから松平に仕えてきた家ほどたくさんの領地をもらっているのであれば「三河武士団伝説」もあながち間違いではない。しかし実際に領地を一番もらっている井伊は、むしろ新参で、あくまで家康が直政個人を評価し、可愛がっているというところで領地をもらっている。譜代であることも三河武士団伝説も関係ないのですね。

榊原康政にも同じことがいえて、彼個人が軍事もできて政治もできるという、とても有能な人だったために、大きな領地をもらった。「松平家に昔から仕えていたからいっぱい領地をもらえた」という話ではないのです。

そうした目で見ると、実は本多忠勝も同じです。本多家はたしかにずっと松平家の家来でしたが、その家にたまたま優秀な能力の持ち主が生まれた。本多忠勝というとゲームの影響もあって、武闘派代表のイメージがありますが、実は彼は政治や外交もできる。だから彼もまた、家康のお眼鏡に適って重く用いられた人材と見ることができるのです。

　能力がある人材を重用したという点では家康も、信長や秀吉となんら変わりはなかった。家康は信長と同盟を組み、信長の人使いを見てきた。信長の場合は、家柄など関係なしに、あくまで信長が実力ありと見込んだ人が出世する、秀吉も、彼が評価した人材が出世しました。その意味では家康も同じなのですね。だから「昔からお前のところのご先祖様とうちのご先祖様は仲良くやっていたから、お前のことを用いるよ」といった姿勢、世襲重視のスタイルではたぶんなかったと思われます。

酒井忠次への憎しみ

　ではここで気になるのは四天王の残りのひとり、筆頭の酒井家の処遇です。どうなのかというと、実は酒井は関東移転にあたって四万石しかもらっていないのです。

　この時期、すでに忠次は引退して、酒井家の当主は息子の家次（一五六四－一六一八）の代になっていました。しかし当時は家という概念が強いですから、忠次の功績は息子の家次に受け継がれるはずです。忠次は先に述べたように、家康からすると父方の叔父。家康が駿府に人質に行ったとき、何人かの家来たちがついていくわけですが、その中で一番年長だったのが忠次でした。だからこの人は家康にとって特別な家来のはずで、事実、家来の中で誰といったら筆頭に来るのが酒井なのです。その酒井が、なぜ関東では四万石しか与えられなかったのかという話になる。

四万石でも、そこがものすごく大事な土地であればわかるのです。しかし酒井家に与えられたのは上総国の臼井というところで、別に要衝でも何でもない辺鄙《へんぴ》な地域です。それっていったいなぜなんだ？と思ったときに、これは私ではなく、誰がいい出したのかわからないほど昔からいわれてきた説として、信康の切腹事件との関連が出てくることになります。

信康切腹事件の鍵を握る酒井忠次

信康の切腹は、信康の夫婦関係がきっかけになっていました。彼は信長の娘である五徳姫（一五五九－一六三六）と結婚していましたが、しかし嫁姑問題もあって仲は悪かった。これは昔から一般の読み物でも語られてきたことですが、この夫婦関係のもつれに酒井忠次が関わってくる。

その説によると、五徳姫がパパである信長に「私の亭主はこんなにダメなのよ」という十二カ条からなる文句を書いた。パパの差配で結婚したお嬢さんが「パパに比べると、こいつ全然ダメね」みたいに感じる気持ちは現代でもありそうですが、とにかく夫に対する不満を書き並べたわけです。そこでちょうど酒井忠次が信長のところに外交使節として行くというので、五徳姫は忠次に十二カ条の告げ口を持たせた。

酒井忠次は信長と関係がいいのです。これはのちの「長篠の戦い」（一五七五）のときのエピソードになりますが、信長が軍議を開いていならぶ面々に「武田と戦うが、どういう作戦でいったらいいだろうか」と意見を訊いた。そこで酒井忠次が「鳶《とび》ノ巣砦《すとりで》を攻めましょう」と提案した。鳶ノ巣砦は武田の部隊の後方に位置していたのですが、「そこを奇襲しましょう。鳶ノ巣砦を落とせば武田勢は後ろに引けなくなります。前に出るしかなくなるから、そこを信長様が用意している鉄砲でやっつけましょう」という作戦を具申した。

そうしたら信長は、軍議の席上で酒井忠次に対して「そんな作戦は全然ダメだ」と罵倒したという。ところが軍議のあとに忠次をこっそりと呼び出し「いや、さっきは悪かったな」とフォローするのです。「お前の作戦は見事だと思う。しかしあそこにどんな裏切り者がいるかわからなかった。武田に情報が漏れたらまずいから、俺は『おまえの作戦は意味がない』と罵ったんだ。俺もその作戦が一番いいと思う。だからおまえ、今から兵隊を率いて鳶ノ巣砦を襲ってくれ」。ということで、酒井忠次は鳶ノ巣砦を襲い、見事に守備部隊を全員戦死させて制圧する。鳶ノ巣砦が完全に制圧されてしまったので、武田勢は退路を断たれる形になり、前進するしかなくなった。それで前に出ていったら信長が馬防柵《ばぼうさく》をつくっていて、大量の鉄砲を使って見事に勝利した。

この逸話を見ると、酒井忠次はやはり、なかなかできる奴だった。信長は才能を愛する人なので、忠次も信長の信任を得ていた。だからこそ家康と信長の間の外交官みたいな役割も任せられていたのでしょう。その忠次が五徳姫に十二カ条の不満を持たされて信長のもとにやって来た。もちろん当時の手紙ですから、家来が中を見ることはできません。それを「預かってきました」と渡してみたら、中にはなんと旦那の悪口がいっぱい書いてあったわけです。その中に信長がとても見過ごすことのできない内容がありました。「私を嫁いびりする姑の築山殿は武田とつながっています」という一条があったのです。

信長は驚いて、忠次に「これは本当か」と尋ねた。そこで忠次が信康や築山殿をかばって「いや、それは違います。これも違います。信康様は間違っていません。築山殿も信長様を裏切っていません」というようなことを申し立てるのかと思いきや、ぜんぜん言い訳をしなかったのですね。「ああ、そういうこともありますね。それもありますね」というように答えた。結局、結果として信康切腹という事態を招くことになりました。

これが昔から語られてきた説です。家康にしてみれば「忠次の奴が少しでも説明をしてくれたら信康は死なずに済んだのに」と思うわけで、忠次を激しく憎んだ。

司馬遼太郎の考察の深さ

しかしそうした説に対して、最近の歴史研究者の中には「いや、そのあとも酒井忠次は家康に重く用いられているので、憎まれてなどはいなかった」という人もいます。たしかに信康切腹以降も、忠次は家康勢のリーダーとして扱われています。たとえば織田信長が死んだあとに、家康は信濃に攻め込んでいますが、そのときの指揮官は酒井忠次。こうしたところを見て「もし家康と酒井忠次の関係がよくなければ、そんな扱いはしないでしょう」という意見を出している。

しかしそうした見立ては、司馬遼太郎に比べてはるかに浅いと思います。司馬遼太郎は『覇王の家』という小説で、信康切腹後も忠次が重く用いられていることをもって、それでも我慢したのが家康だ、家康はそこで我慢しなくてはいけなかったとして、三河武士団と家康の緊張関係を描いている。そうした考察の深さと比べて、先ほどの歴史研究者の解釈は、明らかに及ばないなというのが私の判断になります。

これも有名な話ですが、先に述べたように関東へ移ったときに酒井家は四万石。四天王のうち井伊、榊原、本多は二桁。ほかに二桁の家はほぼない。だいたい二万石や一万石。それで忠次が家康のもとに「うちは家来の中で筆頭じゃないですか。それがなんでうちの倅は四万石しかもらえないんですか。もうちょっと増やしてやってくださいよ」とお願いに行った。家康はその忠次に「お前でも息子は可愛いのか」と応えたという逸話があります。

この話はどこまで本当なのかわかりません。「酒井忠次と家康は別に仲が悪くなかった」という人は「そのような逸話はなかった。ただの物語です」といいます。しかしその後を調べてみると、驚くことに、酒井は四万石に抑えられたままなのです。家康が関ヶ原の後で天下をとっても、酒井家は石高をぜんぜん増やしてもらっていないのです。

一方、井伊は関ヶ原で手柄を立てたということもあって、石田三成（一五六〇－一六〇〇）の佐和山城をもらう。その佐和山城に入るのは験《げん》が悪いということで彦根城を造って入りますが、そのとき彦根で十八万石にまで増やしてもらっています。本多忠勝も関ヶ原でそこそこ頑張ったので桑名に十万石をもらった。石高としては変わっていませんが、土地としては大多喜よりも、当時としては京都に近い桑名のほうが絶対に格が上なのです。しかも、もとの大多喜十万石のうちの五万石を忠勝の次男の忠朝（一五八二－一六一五）がもらっていますから、本多家としてはトータル十五万石になった。一・五倍ですから、けっこう増えています。しかし酒井は四万石のまま、増やしてもらえないのです。

家康存命中は干されていた酒井家

井伊というのはちょっと特別な家なので、これが酒井の上にいるのはしょうがないのかもしれない。しかし酒井家は譜代大名の中でもトップのはずじゃないですか。これはどう見ても、家康が酒井を嫌いだったとしか見えない。そして、どうしてそこまで酒井のことを嫌っていたのかというと、やっぱり信康腹切事件が一番の原因ではないだろうか。

しかしそうはいっても、家康が信長や秀吉と違うのは、信長の場合は「こいつは嫌いだな」となったらすぐ排除するでしょう？　秀吉もそこは似たようなものです。しかし家康は我慢をする。小説『覇王の家』ではないですが、家康はその感情を表には出さずグッと堪えていた。「ちくしょう、この野郎、いつか見ていろよ」と思いながら家来の筆頭ポジションの酒井を相変わらず重い立場で用いた。

それが関東へ行くときになってようやく「もうそこまですることはないな」ということで酒井家を「叔母さん（臼井殿）がまだ生きているから、まあ四万石はやるけど、本当は四万石もやりたくないね」という扱いにした。そうした印象を受けます。領地の増やし方を見ると、家康は「俺の目の黒いうちは酒井を許さん」と考えていたようにしか見えない。

結局、どうなるかというと、家康が死んだのち、秀忠が徳川の実権を完全に手にしたとたんに酒井は一発で十万石に増やしてもらいます。さらに庄内で十四万石をもらい、ここで飛び抜けて増えて、酒井十四万石というと、譜代大名の中で井伊に次ぐ石高となる。秀忠にしてみると、信康が生きていれば自分は将軍になれなかったということもありますし、家臣全体のことを考えて、「冷遇はもういいんじゃないか。領地を増やしてあげるよ」ということだったのではないでしょうか。そうすると、酒井家の石高が家康存命中には抑えられていた理由は、信康の一件しかないのではないか。それが今のところの私の考えです。

最近つくづく思うのですが、昔から唱えられている定説って、唱えられるだけの根拠というものがあるのですね。いっぽう、自分が目立ちたいからと、とにかく昔からいわれてきたことをひっくり返してみても、全体的なバランスから見るとやっぱり昔の説でいいじゃないかということがしばしばあります。新しけりゃいいってもんじゃないし、奇抜なことをいえば勝ちということはない。最近すごくそう思います。「司馬遼太郎の考察は深かった。やっぱり偉大だな」と、あらためて感じます。

石川数正の出奔

家康とその家臣の関係を考える上で忘れてはならない事件は「石川数正の出奔」です。石川数正（?－一五九三）は酒井忠次と並んで、徳川家康を支える二本柱のひとつのような存在でした。ただし筆頭はやはり酒井。序列的には石川はそれに次ぐ。

たとえば松平のルーツは安祥で、家康のお祖父さんの代から岡崎が本拠地。この安祥と岡崎は、三河の中でも「西三河」という地域になります。仮にもし、三河を松平家が支配していた歴史があったとしても、その勢力範囲は西三河であって、東三河には及んでいなかった。だから家康にしてみると、三河全体を統一するためには、まず東三河をがっちり支配する必要があった。その東三河の武士たちを束ねていたのが酒井です。いっぽう、ホームグラウンドの西三河の武士たちを束ねる役目が、石川ということだったらしい。

新しい領地と古い領地。どちらを任されるほうが、重要な任務だったか。それは当然、新しく家来になった人たちを束ねるほうが難しい。だから東三河は筆頭ポジションの酒井忠次が任された。そして西三河は、家来ナンバー2の石川数正が任されて束ねていました。

その家来ナンバー2の石川数正が豊臣秀吉のもとに出奔するという事件が起きたわけです。出奔したのはもちろん秀吉が天下人になった後ですが、この事件について小説家の山岡荘八は、自らの身を犠牲にしてスパイになりに行ったのだ、だから石川数正は実は大変すごい人なのだといったように書いています。しかしそうしたややこしい見解は、正直、歴史小説家として司馬遼太郎の深さには及ばないなと感じます。

というのも、当時の秀吉は各大名家の有力家臣をしきりにヘッドハンティングして、召し抱えようとしていたのです。

たとえば伊達政宗（一五六七－一六三六）の伊達家に仕えていた、大河ドラマ『独眼竜政宗』でいかりや長介が演じた左月斎、鬼庭良直《おにわよしなお》（一五一三－一五八六）の息子を召し抱えたいという意向を見せましたが、鬼庭は「けっこうです」と断って伊達家に留まった。こうしたことで一番有名なケースは直江山城守ですね。上杉家の重臣である直江兼続《かねつぐ》（一五六〇－一六二〇）に「俺の家来になれ」と誘ったが、直江もまた「上杉の家来でけっこうです」ということで秀吉の誘いを断った。成功した例だと島津家家老の伊集院忠棟《ただむね》（？－一五九九）ですね。忠棟は秀吉直属の大名として日向庄内を領しています。秀吉はこのような感じで引き抜きを試みているのです。

ひとつは人たらしの秀吉のことですから「お前のところのこいつ、有能だよな。ぜひうちにくれ」という感じで単純に「有能な人が欲しいから誘った」という理由も、もちろんあったと思います。しかしもうひとつには、有力な家臣は当然その家の重要機密を握っている。それを引き抜くことで、その家のデータを取ろうとした意図もあったのではないでしょうか。いざ引っこ抜いてしまったあとはわりと冷淡で、手厚く遇するということは案外ない。そうしたところを見るとやはり、情報を取ることが目的だったのかなと思います。

石川数正はこうした秀吉の誘いに乗った。家康より秀吉を選択した。それだけのことで、自分を犠牲にしてあえてスパイになったなどと、極端な理解をすることはない。やはり三河武士であっても、好条件を提示されたらそちらに行くということがある。それだけのことです。

石川は信濃の松本の城主になります。ただ、これもまた家康の我慢強いところですが、関ヶ原のあと、豊臣から天下を奪った段階で石川を潰《つぶ》しにかかるかというと、それはやらない。当時はすでに数正の息子の代になっていましたが、「数正にもいいたいことはあったのだろうし、奴なりの理屈もあったんだろう」という感じで、潰さないでそのままにしておく。しかし、たまたま後継がいないといったことで石川家は潰れてしまいますが。

意外と実力主義の人事だが報酬は堅実

家康という人は信長や秀吉のようには抜擢《ばってき》人事をやらない。信長は浪人出身の明智光秀（一五二八－一五八二）を軍団長にまで引き上げましたし、そもそも木下藤吉郎時代の秀吉を起用している。その秀吉も大抜擢人事をやります。一番代表的な例は加藤清正（一五六二－一六一一）です。加藤清正は「賤ヶ岳《しずがたけ》の戦い」（一五八三）で七本槍のひとりとして活躍し、その功で一躍三千石をもらう。それだけでもすごいのですが、その後、三千石からなんと二十数万石の大名に抜擢されます。「こいつは才能がある」と見込んだ人にはものすごい大抜擢をするわけです。

家康は、彼らのような人事はやらない。ですが昔ながらの世襲の考え方もあまりしておらず、「古くから松平の家来の家だから」と重く用いるようなことは案外やっていないのです。実際には、信長や秀吉に倣《なら》って、自分の目で見て「こいつは使えるな」と評価した人をしっかりと育てている。

もともと家康はケチなのでどーんと気前よく領土をあげることはあまりないのですが、とりあえず自分のまわりで使って一万石増やしました、五千石増やしました、それからまた三千石増やしました、という形で少しずつ少しずつ上げていく。そうした堅実なところは家康らしいといえます。

しかしそれでも人事の基本は能力。その人の能力を家康が認めるか認めないか、その人ができるかできないかで決める。だから家康と家臣の関係は、三河武士団がよそと違って特別に忠誠心が篤かったわけではないし、主人もまた格別に厚遇していたわけでもない。「精強無比で忠実なる三河武士がいた」といった伝説は、ますます嘘くさい話だなとなります。

第三章

家康の軍事——キラリと光るものは、ない

「戦いは数」の原則

これは私がくり返し述べてきたことですが、「戦いはやはり数」。数が多いほうがふつうは勝つ。

しかしこれを、たとえば日本の戦前の軍部であれば「少数の軍勢でも知恵を絞って工夫すれば、多勢の敵を倒すことができる」というような話をもてはやして、「柔能く剛を制す」などといっていた。だから源義経（一一五九－一一八九）がやったという「鵯越《ひよどりごえ》の逆落《さかお》とし」であるとか、信長の「桶狭間の奇襲」といった伝説が、さかんに引き合いに出されたわけです。ですがこうした「奇策」はあくまで、「奇策」。戦術においては邪道なのです。

だから〈数〉の原則を忘れて、「少数の軍勢で多勢を倒す」みたいなことを軍人が意識してしまうと、「太平洋戦争」をやってしまうことになる。当時、日本の国力が一とするとアメリカのそれは十だった。国力に十倍もの開きがあると、ふつうは戦いをしかけません。まともな人であれば絶対戦わないわけです。しかし戦争をやってしまった。

その時代の人たちがみな愚かだったのかというと、そんなことは決してない。しかし「それでも戦争をやってしまった」という現実はおそろしいものです。戦いの専門家であるはずの軍人まで「義経の鵯越の逆落とし方式で勝つのだ」などと考えてしまうと、実にまずいことになる。だから戦争を考えるときには、「数が多いほうが勝つ」という原則を、きちんと踏まえておかないといけないわけですね。

ただ、これも何度もくり返していっていますが、戦争とは総合力です。ロシアのウクライナ侵攻では当初、専門家たちも「数日でウクライナの首都は陥落する」と見ていた。しかし、そこに士気の問題、兵たちのやる気の問題があった。

正統性のある戦いであれば、「正義のためならば私の命を捧げましょう」という人たちも出てくるかもしれない。私は嫌ですが。少なくとも誰でも、どこにも正義のない戦いは嫌ですよね。相手を殺すのも嫌ですし、自分が死ぬのはもっと嫌だ。そのことを考えると、戦いの大義名分は重要です。つまり正統性のない戦いは、不利になる。

もうひとつ、敵より多い軍勢を編成したとしても、補給がじゅうぶんでないと勝つことは難しい。やはり腹が減っては戦ができないわけで、それはどんなに大軍であっても、逆にいえば大軍であればあるほど、補給をきちんと考えていかないと勝利がおぼつかなくなるわけです。

そうした条件はありますが、しかし基本的に戦いは、兵力が多いほうが勝つ。この原則を踏まえた上で、優秀な兵器をそろえて、そしてしっかりとご飯を食べさせる。そうして戦っていくわけです。

名将の条件

だから戦国大名たちも富国強兵を進めて領民を増やし、商業を振興した。そうして兵を増やし、金を儲けて優秀な武器を購入する。またしっかりと食糧を整えて戦いにのぞむ。そうしたことができる人が優秀な戦国大名であって、三国志の諸葛孔明《しょかつこうめい》(一八一―二三四)のような、奇策を繰り出して勝つ人ではないのです。

その原則がもっとも明らかに発揮されるのは、やはり織田信長ですね。信長は桶狭間で一か八かの勝負に出て勝ったといわれます。しかし彼の優れた武将であるところは、二度とそうした賭博的な戦術には出ていない。

戦国時代では、こちらが有利なときばかり敵が攻めてくるわけではない。ときとしてこちらの兵力が少なくとも一か八かで戦わなきゃいけない状況があるわけです。むしろこちらの不利を狙って敵も攻めてくるわけですから、「これは俺、勝てるのかな?」と思っていても戦わないといけない状況はある。たとえば現代のプロ野球で、コロナの感染者が出て「レギュラーメンバーが五人しかいない」という、ふつうだったら負けるような不利な状況でも、試合をしなければならないときはあるわけです。

そうしたとき、大将としては、内心で「俺はこの戦いで生き残ることができるのかな。難しいな」と思っていても、それをポロっと兵たちに漏らしてはいけないのでしょうね。

たとえ顔が引きつっていても「絶対勝つぞ！」と兵を鼓舞しなければならない。それで戦術面で頑張りを見せて不利をひっくり返し、小が大に勝ってしまったという戦いも歴史の中にはたしかにあります。ジャイアント・キリングを達成した戦績、不利を覆して勝ったという勲章を持っている人が、戦術面での名将といわれるのでしょう。戦国時代には、そうした名将が何人かいるわけです。

たとえば信長は、まさに「桶狭間の戦い」で、兵数の差をくつがえして勝利したとされる。ただ私は「桶狭間」の実態はまだまだわからない。もう少し考えなければならないと見ているのですが、少なくとも信長はこの戦いで不利を覆して勝った。

北条氏康の勲章

また小田原北条家の三代目、北条氏康（一五一五－一五七一）は、「河越《かわごえ》夜戦」と呼ばれる戦闘で勝利しています。河越城という武蔵国で主要な城がありました。「この城をとるか、とらないか」が「武蔵を支配するか、しないか」に直結するくらい、当時、武蔵国の中心はこの河越城ということになっていました。

北条氏はその河越城を抑えていたのですが、そこを上杉の兵が包囲する。当時、上杉は本家の山内上杉。そして分家の扇谷《おうぎがやつ》上杉とふたつの家があったのですが、それらが力をあわせて包囲します。

北条氏康自身はこのとき、沼津のほうで今川義元と戦っていた。のちに北条と今川は、さらに武田を加えて三国同盟を結びますが、今川義元が家督を継いだ時点では、まだすごく仲が悪かった。両者は駿東《すんとう》地方という、今でいえば三島から沼津のあたりの領有をめぐって戦っていたのですが、そうするうちに河越城を囲まれてしまったわけです。

その知らせを聞いた北条氏康は、急いで今川義元との間に停戦協定を結ぶ。そして急いで河越に帰ってくる。少数の兵しかいない河越城を守っていたのは、「地黄八幡《じきはちまん》」といって黄色い甲冑で身を固めていたという北条綱成《つなしげ》（一五一五－一五八七）。どこまで本当かわかりませんが、北条家でも特に強い武将として伝説が残っている人で、この綱成が城を守っていた。

しかし兵力差でいうとそれこそ一対十くらいの状況で、いつ陥落しても不思議はない。急いで戻った氏康は、城内の綱成と連絡をとっていっせいに夜襲をかけた。それで河越城を包囲していた上杉は完全に打ち破られてしまいます。扇谷上杉の当主だった上杉朝定《ともさだ》（一五二五－一五四六）は戦死し、扇谷上杉はここで滅亡する。いっぽうの北条氏康は河越城の救出に成功し、このあと北条氏の武蔵支配は確固たるものになる。この戦争を制した北条氏は、戦国大名として高く評価されるようになります。

戦国最高の戦術家は毛利元就？

そして「兵数差をひっくり返して勝利した人」というと、なんといっても毛利元就（一四九七－一五七一）の名が挙げられます。

この人にはどちらかというと、戦場の勇者というよりも「陰謀をたくらんで頭脳で勝利するタイプ」のイメージがあるかもしれません。しかし戦争マニアというわけではないのでしょうが、元就は意外と「戦闘の名手」という面があるのです。

彼のデビュー戦は「有田《ありた》中井手《なかいで》の戦い」（一五一七）。この戦いは「西の桶狭間」と呼ばれることもありますが、桶狭間のようには有名ではありません。

現在でいえば広島県の西半分にあたる安芸国には、守護大名の武田元繁（一四六七－一五一七）という人がいました。この武田は甲斐の武田の分家にあたりますが、そこの元繁が自分の地位を固めるために兵を募って、吉川《きつかわ》や毛利を攻めはじめた。そのときの軍勢は五千といわれています。その武田に元就は、毛利の全軍を挙げて立ち向かう。

当時の彼はまだ毛利の当主ではない。毛利本家の家督を継いだ子どもの「後見人」として、兵を率いる立場にありました。といっても毛利はもともと小さいですから、動員できるのはせいぜい千ほどの兵。それに吉川を合わせて総勢千二百ほどの状況でした。「五千対千二百であれば、絶対五千が勝つ」と思いますが、「有田中井手の戦い」では毛利元就が勝つ。

このときに彼がどんな工夫をしたのか、正直わかっていません。わからないのですが、とにかくみんなで必死に力を合わせて戦って、武田元繁の首をあげてしまった。謀略家のイメージがありますが、元就はここで「やってやろうじゃんか！」と、非常にヤンキー気質の戦いを繰り広げて勝利しました。

また当時の中国地方は、目立つほどの武士は山陰の尼子《あまご》か、山口県の大内か、どちらかの勢力につかざるを得ない状況でした。毛利家は尼子サイドについたこともあり大内サイドについたこともありますが、最終的には大内を選択する。そうすると、尼子の大軍が毛利の吉田郡山《よしだこおりやま》城を囲むことになるわけです。

このときも兵力差がものすごくあったのですが、それでも元就は尼子の大軍に立ち向かって一歩も引かずに城を守り抜く。そうしているうちに大内から陶隆房《すえたかふさ》（一五二一－一五五五）が救援に来て、なんとかドローに持ち込んだ。

この陶隆房はのちにクーデターを起こし、主人の大内義隆（一五〇七－一五五一）を滅ぼしてしまう。それで陶晴《はるたか》賢を名乗るようになりますが、陶晴賢と元就は戦いを重ねることになります。対陶戦でも元就の手際は光り、三回目に陶晴賢と戦った「厳島の戦い」では、このときも兵力差が相当にあったにもかかわらず元就が勝つ。それで最終的に中国地方の覇者となったわけですね。

私は、戦術面でいえば、戦国時代でもっとも優秀な戦術家はこの毛利元就かもしれないと思っています。彼の場合でいえば三度も、圧倒的に兵力差のある戦いを制するか、持ちこたえるかした戦績を持っている。こうした戦績なり勲章なりを持っている人が、軍事的に優れた武将と見られるのでしょう。

では家康にそうした戦績、勲章はあるかと考えてみると、ないのですね。キラリと光るものが家康にはまったくない。

秀吉は城攻めが得意とされます。だから彼については「城攻めの秀吉」と評されたりします。いっぽうの家康は野戦が得意とされて、だから「野戦の家康」と呼ばれるのですが、しかしどうもこれが怪しい。よく見ていくと首をかしげたくなるのです。

逃げることを想定している

家康は実は案外、剣が上手、剣の達人だったという話があって、なかなか腕前がよかった。それから彼が亡くなるまで一生の楽しみにしていたのが鷹狩り。鷹狩りで体力をつけるという、現代でいえばスポーツの概念が、彼にはあったのですね。

そこらへんまではいいのですが、家康は馬術の練習もとても大切にしていました。なんで熱心に乗馬をやっていたかというと、戦場で瀕死の重傷を負ったときに、愛馬と心を通わせていると、馬が「ご主人様が危ない」と察知して自発的に逃げてくれるのだそうです。要するに乗馬の技術を磨いておくと、いざ戦いに負けたときに効力があって「ふつうなら討ち取られるところを逃げられる」という大きなメリットがあった。だから家康は日ごろから乗馬を好んだそうです。

もうひとつ、これも家康が死ぬまで鍛錬していたのが水泳です。歳をとっても欠かさず水泳の訓練を行っていた。なんで水泳かというと、これもやはり逃げるため。戦いに負けて自分ひとりで逃げるとき、川を渡ることができるかどうかが生死をわかつ。水泳ができないと逃げきれない可能性も高くなるわけです。だからともかく水泳をやった。

つまり馬術も水泳も、すべて逃げることを前提にして訓練しているのですね。信長だったら「逃げるくらいであれば腹を切る。是非もなし」などといいそうですし、秀吉でも「前もって逃げること考えるくらいならば、勝つ方法を考える」とかいいそうです。ところが家康は逃げることをしっかり考えていた。そんなところに創意工夫があるというのは、天下を取る人としてはちょっと情けない気もしますが、ともかく家康の軍事は実に平凡。逆にいうと非常に手堅いのです。

家康が巧みな作戦を立てて、源義経のように華々しく戦に勝利したという事例は浮かぶでしょうか？　やはり、彼の戦はそんなに華々しくはない。だって江戸時代になってとにかくみんなに褒められて持ち上げられる時代になっても、家康の戦ぶりはそんなに持ち上げられていません。ということは、やっぱり平凡だったのかなと思います。しかし手堅く平凡であるというのが一番大事。「平凡が最終的に彼を勝利者にした」ということだと思います。

対武田戦——すべては信長主導

家康の戦歴においてもっとも重要だった戦いは、武田信玄に率いられた武田勢との対決でした。相手は強兵として知られる武田。戦場が武士にとって活躍の場であるならば、これは華々しい舞台でした。しかし家康は、信玄との戦いにおいて苦労ばかりしているのですね。半分死にそうになりながら戦っている。息子の武田勝頼（一五四六－一五八二）との戦いも苦労を重ねて、やっと「長篠の戦い」で勝って、その後は優勢になります。

当時の情勢からすると、武田と織田という超大国があって、徳川は織田の尖兵。その役目は武田への盾。もし信玄が攻めてきたらともかく頑張って持ちこたえることに存在意義があった。少しでも時間を稼ぐ。時間を稼いでいる間に、信長の本隊が出てくる。そういう戦いにならざるを得ない。

しかしこのあたりは、国と国との関係の複雑で面倒くさいところで、織田信長も武田信玄も、両方とも腹に一物ありながら、ある時点までは仲良くしているのです。だから武田が徳川を攻めたとしても、信長としては今武田と全面戦争を行うことはできないから、友好を保ちたい。徳川は犠牲になってもやむなしという判断も見え隠れする状況がありました。

もともと徳川も武田と争ってはいなかった。武田信玄と家康はともに今川領の分捕り合戦をやっています。今川義元が桶狭間で戦死し、今川が弱体化した。それで武田信玄が徳川に使いをやって「俺は駿河をとるから、お前は遠江をとれ。一緒に攻め込めば今川はあっという間に潰れるぞ」と共同作戦を提案する。これは実際にその通りになりました。しかし、その作戦が終わると武田と徳川の雲行きが怪しくなる。

今の静岡市を中心とする駿河国に武田の軍勢が入り、浜松を中心とする遠江国に徳川が入る。駿河国と遠江国は大井川をはさんでわかれますが、両者はそこで対峙《たいじ》し、睨《にら》み合いをする。そしてなるべく相手の領地に食い込むということをガチでやり始めるわけですね。

信玄の目的は港。なので第一章でふれたように武田は江尻に駿河国の拠点を置いたのですが、信玄自身は甲府に居続けて動かず、部下を江尻に送ります。具体的には山県昌景《やまがたまさかげ》(一五二九－一五七五)、ついで穴山梅雪《ばいせつ》(一五四一－一五八二)。重臣中の重臣ですね。しかし家康のほうは自ら浜松に出向いて、陣頭指揮をとる。三河本国の岡崎に居続けて、一番信頼できる部下、たとえば酒井忠次あたりを浜松に置くということはしない。要するに、家康自ら浜松に入って、そこまで全力で頑張らないと武田とは戦えないという情勢だったのでしょう。

そして武田との胃がきりきり痛むような戦いが始まるのですが、最終的に、武田信玄に「自分の健康状態を考えると、俺も、もうあまり生きられないな」と考える時期が訪れる。吐いたり尻から血が出たりということがあった。この症状については昔は肺結核だといわれていましたが、今は癌《がん》だと見られています。それで、自分の先は長くないと感じた信玄が、国力を挙げての西上作戦に打って出る。この最後の作戦が、家康の対武田戦の中でも、もっとも有名な戦いになります。

武田史上最大の作戦

このときの武田信玄がなにを目的としていたのか。これが昔から議論されているところです。信玄は武田領内にものすごい重税を課して、米を集めて兵糧をつくり、それを持って戦いに出ていった。当時、武田勢三万人といわれています。こうした軍事の数字は昔から、「どんなに大げさに盛ってもいい」という風潮があるようですが、このときの信玄についてはどうやら盛られていないらしい。

本来なら武田が三万もの兵を集めることは難しいのです。というのは、当時の武田の領土は甲斐国が二十万石、信濃国が四十万石。これらを合わせた六十万石を基本としてさらに現代の群馬県、上野国五十万石の半分くらいを武田信玄は持っていたと見られます。そして駿河国はすべて持っていますが、駿河国は案外山地が多いので十五万石しかない。それらすべて合計してだいたい百万石になります。ただ、美濃国にも少し食い込んだりしていたので、他にも細かい領土はあった。しかしそれを踏まえても百二十万石あたりになるでしょう。そうすると、だいたい四十万石で一万人の兵が編成可能といわれますから、百二十万石あれば、数字の上では三万人の軍勢を動員することは、無理をすればなんとかなりそうです。しかし防衛のためにも兵士は必要。国内を空にして全員出撃させることはできないわけです。

信玄、国を空にして出陣す

たとえば対上杉謙信を考えなければならない。対上杉の城は信濃の海津《かいづ》城です。この城は後に松代《まつしろ》城と名前を変えて、江戸時代は真田の十万石の城になって、その繁栄が長野市にまで受け継がれることになります。

その海津城に武田信玄は、重臣の高坂弾正《こうさかだんじょう》（一五二七―一五七八）を置いていた。この人は軍記物語に「高坂弾正虎綱」という名前で出てくるのですが、本当の名前はどうも違うらしく、高坂ではなく春日虎綱のほうが正しいといわれています。そうした名前についてはともかく、信玄が非常に信頼していた武将が海津城を守っていたことは間違いありません。それで上杉謙信が攻めてくると、彼が海津城で防ぐ。そして海津城は、おそらく狼煙《のろし》などなんらかの手段で「上杉が来たぞ」ということを知らせる。そうすると海津城が防戦している間に、信玄の本隊が動いて「川中島の戦い」が行われる。そういう段取りになる。

これがもしどこかで守っていなかったら、上杉は当然どんどん攻め込んでくるわけです。だから春日虎綱は基本的に海津城を動くことができないはずなのですが、ところが信玄の西上作戦に彼は参加しています。ということは、海津城も城はほぼ空だったということになる。

このときの信玄は、現在の富山県、越中の一向一揆勢に工作を行い、それで上杉を牽制《けんせい》していたのです。もし上杉が海津城のほうを攻めると越中の一向一揆が、謙信の居城である春日山城を囲む。そういう手はずが整っていて、上杉が迂闊《うかつ》に動くことができないようにする。信玄はこうした手を各方面で打っていた。それで国内の兵をほぼ空にして、三万人の軍勢を集めて人生最後にして最大の作戦を敢行した。それが西上作戦です。

後の「長篠の戦い」のときは、武田側は信玄の息子の勝頼の代になっていましたが、兵数でいうと武田勢一万五千といわれています。勝頼は家督を継いで以来、「長篠の戦い」まで連戦連勝の常勝将軍でした。だから武田の領地は増える一方で、父の信玄の代より、動員能力も高くなったはずです。しかも「長篠の戦い」のときも、やはり総力をあげて軍勢を編成していた。しかしそれが一万五千なのです。

ちなみに「長篠の戦い」のときは、春日虎綱は海津城にいて、参加していません。もっとも参戦していなかったおかげで織田の鉄砲の餌食《えじき》にならずにすんだのですが、このときは対上杉の守りのために、春日虎綱は海津城を動くことができなかった。つまりそれだけ信玄の西上作戦における外交は見事だったということになります。違ういいかたをすると、やはり三万は相当の無理をしたと見ることができますが、それだけの無理を可能にして、総力をあげて信玄が動き出した。

武田三万VS徳川八千

このときの武田は、東海道新幹線のルートに従うように駿河のほうから東の遠江を攻めることはせず、北から攻めることを選択する。諏訪のあたりで軍勢を整えて、北から遠江に襲いかかるという形をとったわけです。

三万の軍勢が北から来るということで、おそらく家康は戦慄《せんりつ》したことでしょう。徳川が当時、動かせる兵隊は八千といわれています。遠江一国で二十五万石。三河が三十万石。合わせて五十五万石だから、頑張れば一万二、三千は動員できたはずですが、息子の信康に任せている三河も、敵が北から来るとなると防御を固めなければなりません。空にはできない。そうすると「家康の兵は八千」というのは、なかなかに妥当な数字だなと思います。

それで家康は八千の兵をどう用いたか。徳川方には十ほど、対武田防衛用の小規模な城がありました。その城のひとつひとつに、たとえば「ここには五百」「こっちには七百」というような形で少しずつ兵を入れておいたとして、どれくらい持ちこたえることができるのでしょうか。

これについて私はいつも、関ヶ原のいわば北陸における前哨戦として、前田利長（一五六二－一六一四）が行った軍事作戦を尺度に考えています。このとき前田は二万の軍勢といわれていますが、それを率いて上方のほうへ向かおうとした。加賀から一番近いところにある城は小松城。現代では小松空港があるところです。そこには西軍についた丹羽長重《にわながしげ》（一五七一－一六三七）という大名がいました。この人はかつて織田信長の部下だった丹羽長秀（一五三五－一五八五）の息子です。丹羽の領土は十万石で、兵隊の数は二千か三千程度と思われますが、前田は小松城に攻めかかることをしませんでした。なぜなら小松城は、すごく堅い城として知られていたのです。

実は信長が安土城を造ったときに、工事の総監督を務めたのが丹羽長秀。どうやら丹羽家には城造りを得意とする技術者集団が召し抱えられていたと見えて、親父の長秀も息子の長重も「城造りが上手い」という定評がありました。ということで、前田は相手が城から出撃したときに対処できるだけの兵を残して、次の城に向かいます。ということは、どうやらたとえ二千、三千の兵であっても、それが堅い城に籠城しているところを攻めるのはやっかいであるらしい。

その次の城が大聖寺《だいしょうじ》城です。この城には山口宗永《そうえい》(一五四五-一六〇〇)という人がいて石高は七万石くらい。七万石ですと兵の動員能力は千五百とかそのあたりです。しかも大聖寺城は別に堅い城というような話はない。前田はこれを攻めて、一日で陥落させています。

だから二万対千五百のように、戦力差が十対一くらいあると、城に籠《こ》もる敵を攻めてもふつうは一日で落とせるのですね。

武田の三万の大軍のうち信玄が直接指揮していたのは二万五千くらいだといわれていますが、だいたい関ヶ原前夜の前田とそう変わらない規模とみていいでしょう。であれば、小さい城に二百とか五百、あるいは千の軍勢を入れておいても一発で落ちるということになります。足止めにもならない。となると、各小城に兵を配置するのは、これは軍事でよくいわれる「兵力の分散」という愚の骨頂をおかすことになります。

浜松籠城から「三方ヶ原の戦い」へ

兵を分散させても意味はない。ということで、家康が選択したのは浜松城の北の二俣《ふたまた》城という城に防御の兵を集中させておき、武田を足止めする作戦。三万対八千では直接、野戦で対決はできない。まず二俣城で時間を稼いでいる間に織田信長に救援を要請し、兵を送ってもらう。その上で浜松城に籠城し防衛する。そうした作戦になるのだと思います。私はこれは「本城＋1」の戦術だと表現しているのですが、そういう戦い方を選択するのですね。

実際に、二俣城は一カ月かそこら保たれて貴重な時間を稼いでくれた。その間に織田から援軍も来た。しかし来ることは来たのですが、それはたった三千の軍勢でした。しかし家康は織田・徳川の連合軍一万一千でもって浜松城に籠城します。ところが家康が籠城した浜松城の鼻の先を武田信玄は素通りしてしまうのです。家康は「ええっ⁉」と思ったことでしょう。

ここでよくいわれるのは、家康は素通りを屈辱と感じた。「よくも俺を無視したな」と怒り狂い、武田勢を叩こうとして城から出撃する。しかし「三方ヶ原」で武田信玄が待ち構えており、家康は大敗を喫したという話。

しかし私はどう考えても、武田軍が本当に素通りして西に向かったはずがないと思うのです。西に向かった意図は、上洛するため、あるいは織田信長の本隊と決戦するためなどさまざまに説明されてきましたが、置き捨てた浜松の軍勢一万一千に、背後の補給線を断たれるリスクがあるわけです。さらにもっと想像をたくましくすれば、武田領はがら空きです。信玄のいない間に家康が本拠地の甲府を攻めるかもしれない。帰るところを失うわけにいかないので絶対に無視はできないのです。

名将信玄が準備した罠

となると信玄が一度は素通りして見せたのは、それが彼の作戦だった。籠城する一万一千もの兵を攻めるとなると、信玄もそれなりの犠牲を覚悟しなければなりません。一般に城で防御する敵を攻撃するためには、防御側の三倍から五倍の兵力が必要といわれます。そうすると信玄は三万三千の兵、下手すると五万は必要だということになります。いかに武田信玄が戦の名手であっても、確実に勝てるとはなかなかいえない。できれば敵には城から出てきてもらいたい。そこで家康を城からおびき出して野戦に持ち込むために、あえて背後をさらして、素通りしてみせたのではないでしょうか。

織田信長が朝倉義景（一五三三－一五七三）を攻めたとき、信長は背後の近江にいる浅井長政が裏切るとは考えていませんでした。美人で名高い妹を長政の妻とし、婚姻関係も結んだから絶対大丈夫。しかしそう考えていたら、背中を見せたところで浅井長政が裏切り、後ろから突然襲いかかってきた。このときの信長は防戦など考えず、とにかく一目散《いちもくさん》に逃げています。やはり背後はそれだけ無防備で、そこを突かれることは軍隊にとってあまりに大きなリスクなのですね。

だから、背後を攻めるチャンスが来ると、武将という生き物はつい動いてしまう。徳川家康も武田信玄が背中を見せたので「背中を見せた！　今なら勝てる！　大チャンス！」と城を出てしまったのだと思います。しかしそれは信玄の策だった。あえて背中を見せることで、それを餌として家康を城の外におびき出そうとしたのです。実際の武田軍は万全の迎撃準備を整えて三方ヶ原で家康を待っていた。そこで両者が戦うわけですが、武田の軍勢は倍以上。家康は大敗を喫し、殺されるという恐怖を覚えて、脱糞しながら逃げたという逸話を残してしまうわけです。それがトラウマになって死ぬまで水泳と馬術を欠かさなかった。とにかくそうして浜松城に逃げ帰りました。

「三方ヶ原の戦い」（一五七二）の勝利のあと、信玄が何をしていたのか。武田信玄は徳川に勝利したのちも、あのへんをうろうろしている。このときの信玄についてもまた「徳川家康に勝ったから次は織田と一戦を交えようとした」「上洛したかった」などと説明されますが、私はさきほどと同じだと思います。

信玄の寿命が尽きる

「三方ヶ原の戦い」では、三千の織田の援軍にふたりの大将がいたのですが、そのひとり信長の傅役《ふやく》の平手《ひらて》政秀（一四九二－一五五三）の息子、平手汎秀《ひろひで》（一五五三－一五七三）が戦死しています。徳川・織田連合軍はそれほどボロ負けに負けて浜松城に逃げ帰ったのですが、しかしそれでも八千くらいの軍勢は残っていた。信玄としては、これを置き捨てて西に向かうことはできなかったし、本人もそれは考えていなかった。

信玄はそのまま年を越し豊橋の北の野田城という城を攻めた。おそらくこのとき信玄の狙いは野田城を攻略し、そしてさらには当時、豊橋のあたりにあった吉田城を落とすこと。ここを落とせば岡崎の松平信康と浜松の家康は分断される。そうすれば各個撃破できるでしょう。要するに信玄としては、徳川家康の首が欲しかった。あるいは家康を瀬戸際まで追い詰めて降伏させて、武田家に取り込もうとしていた。家康を倒すか、従わせるかすることができれば、少なくとも遠江はすべて手に入れる。うまくいけば三河も手に入ります。それが最後の西上作戦の目的だったのではないかと思います。

しかし野田城を攻めているときに、信玄の体調が最悪の状況になり仕方なく甲府へ帰ることになった。その途中、信濃の駒場で息を引き取ってしまいます。そして遺体を火葬にした。時系列としてはそういうことになります。

この戦いにおいては、家康は軍事的になにもいいところを見せることができず、結局、武田信玄が死んでくれたおかげで助かった。武田に降伏することもなくなりました。そういう結果になりますが、見かたを変えると家康はよく三万の軍勢相手に頑張った、危機の中でも降伏せずによく耐えて持ちこたえた。そのおかげで信玄の寿命のほうが尽きて、すべてうまいことといったという話になります。

長篠の戦い

とはいえ、一度はうかつに城から出撃してボロ負けに負けた家康。しかしのちの「長篠の戦い」では、武田のほうが野戦に打って出て織田・徳川連合軍に大敗しています。

もともと「長篠の戦い」はなにを目的にして戦われたのか。なんのために武田勝頼が出てきたのかというと、先に述べた吉田城です。長篠のそばに、武田信玄が攻めて、それで最期のときを迎えた野田城があります。それからさらに南下すると豊橋。豊橋は三河と遠江の国境にあるわけですが、この豊橋の城が吉田城。この城は酒井忠次が預かっていました。

まず長篠をとってさらに南下してこの吉田城を攻めとる。そうして浜松と岡崎を分断する。西上作戦後半の信玄もこの吉田城攻略を目的にしていたと思われますが、このあたりはしょっちゅう戦いの場所として選ばれてきたわけです。

しかし「長篠の戦い」では、第二章でふれたように酒井忠次が鳶ノ巣砦という、背後の砦を落として武田の退路を断った。前に出るしかなくなった武田勝頼は野戦に打って出る。そこに馬防柵をつくった信長が待ち構えていて、大量の鉄砲を撃ちかけた。

ちなみに、ここで世にいう「三段撃ち」があったかなかったかとは、歴史を見る上でどうでもいいことだと思います。それはフィクションの世界では大事かもしれないけど、歴史として大切なのは、ここで野戦築城が導入され、戦場に大量の鉄砲が投入され、火力で武田を圧倒した事実。それでいいと思います。そういう戦いだった。

徳川の反攻がはじまる

この「長篠の戦い」での主役は鉄砲であり、さらにいえば織田軍。家康もしっかり織田の支えにはなったかもしれませんが、彼の存在は、どちらかというと添え物になっていました。しかし、ここで武田勝頼に勝ったことで、家康としてはようやく武田の脅威から免れることができました。よほどうれしかったらしく、家康はこのときに長篠城を一生懸命守っていた奥平信昌（一五五五―一六一五）に自分の長女を嫁に出しています。

長篠城の城主というと、徳川の家臣の中でも、それほどは大した存在ではなかった。しかし信昌が家康の長女を嫁にしたということで、奥平家は松平の名乗りを許される。そのせいで奥平松平という変な語呂になってしまうのですが、関ヶ原の後にはなんと十万石の大名になります。家康の娘ということは、彼女が産んだ子どもたちはみな家康の孫。この家は大権現様の家系だということで、大変に栄えるわけです。

奥平本家は宇都宮をはじめいろんなところに行く。しかしバカ殿が出てしまい、本当だったら取り潰しになってもおかしくないことをやらかすのですが、それでも家康の血が流れている家だということで命拾いして、最終的に中津に移った。中津十万石奥平家。福沢諭吉（一八三五―一九〇一）が中津出身ですが、彼の福沢家はその奥平の家臣です。

もっとも、可哀想なのは実は家康の娘をもらった奥平信昌本人で、こういうときは側室を持つのは許されないのです。殿のお嬢さんをもらったら一生頭が上がらないようで、他の家もだいたいそういうものです。妻が殿のご息女。彼女次第では自分のことを立ててくれるかもしれませんが、そうじゃなかったらえらいことになるという話です。

それはともかく、奥平信昌に娘を娶《めと》らせるほど、家康も大喜びした。ただし「長篠の戦い」で存在感を示したのは酒井忠次であって、家康ではない。また家康の歴史上で活躍する出番は、もう少し後のことになります。

松平信康自害の真相とは

厳しい戦いを武田と重ねてきた家康ですが、その途上で嫡男を亡くします。しかも戦場で亡くしたのではなく、同盟者である織田信長の命令によって失うことになりました。理由は「武田と通じていた」こと。

前述したとおり、この「松平信康の自害」については、いろいろな説が出されてきました。そうした中で「跡取りの信康と家康は不仲だった」という話も出てくるわけです。「家康を中心とする、いわゆる浜松グループと、信康の岡崎グループの間に対立があった」という説になるのですが、現在、これがわりあいに有力とされています。しかし私がこの不仲説になかなか納得できない理由は、「子ども」です。

家康は、子どもの多い人でした。ところが浜松にいた当時の家康は、ほぼ側室を持っていない。ひとりだけ確認できる人が、家康が一時人質にし、後に家来にした鵜殿長持のお嬢さんで西郡局《にしのこおりのつぼね》（一五四八―一六〇六）という女性。この人が浜松在城当時の唯一の側室で、家康は彼女との間に娘をひとりつくっています。

この娘は家康にとっては次女。長女は先にふれたように奥平信昌のところに嫁に行きますが、この次女は北条氏直（一五六二―一五九一）と結婚させています。関東の主の北条家ですから、嫁入り先の格としては次女のほうがはるかに上だったということになりますね。しかし北条氏は潰れてしまい、そのあと今度は池田輝政（一五六五―一六一三）のところに嫁ぎます。

そうすると自分の娘の婿さんだということで、家康が天下人になったときに池田家は相当な厚遇を受ける。池田家一族でほぼ百万石の広大な領地をもらいます。池田輝政は姫路の城主になって、それで造った城が有名な姫路城。だから姫路城は百万石の格式の城であるといっても過言ではないわけです。その後の池田家は、四十万石ほど減しつつ岡山の三十万石の池田と鳥取の三十万石の池田と、このふたつの家が残ります。

当時の戦国大名にとって、子どもは政略のコマ、といってしまうと現代では問題があるかもしれませんが、政治上も重要な存在で、男子だけではなく、娘も非常に大事なのです。だから大名にとって子どもはたくさんいるほどいい。そのことは家康もしっかり認識していた。それなのに浜松時代の彼は子どもをひとりしかつくっていない。

しかもあの時期、家康は男性としてもっとも元気な時期なわけですよ。それなのになぜ?と思うのですが理由はいまだにわからない。対武田戦のストレスのためでしょうか。

ひとつの推測としては、西郡局を愛していたという考え方があります。西郡局は当時、正妻扱いで、他の女性とは交渉を持たなかった。その西郡局との間には子どもがひとりしかできなかったということなのかなと考えるのですが、しかし西郡局の晩年を見ていると家康に大事にされていた感じがしないのです。

西郡局が亡くなると、家康は娘婿の池田輝政に「お前の義理のお母さんだから葬式やっといて」と丸投げ。それでおしまいです。それは当時の常識だったのかもしれないので、これだけではなんともいえませんが、しかし浜松において西郡局を正妻として扱っていたとしても、もし信康と仲が悪かったのであれば、他に男子をつくりたいはずです。信康を牽制するためには、他にも跡取り候補となる男子がいたほうがベターですから、そうしたニーズに迫られてなんとか男の子をつくっていたはず。それを試みていないということは、不仲どころか信康がいれば安心。むしろ「後は任せたぞ」という感じだったのではないでしょうか。

結城秀康、土井利勝の真実

実はこの時期に、家康が最初は自分の子とは認めなかった、秀康（一五七四―一六〇七）が生まれています。秀康はのちに豊臣秀吉のところに人質に行き、結城家の養子になった。やがて松平を名乗り、越前一国をもらうことになるのですが、もし信康と仲が悪ければ、跡取り候補としてもっと大事にしていたのではないでしょうか。しかし家康は「自分の子ではない」という疑惑があったのか、それともふとしたタイミングで一度だけ手を出したという秀康の母に思い入れがなかったためか、当初は認知しようとさえしなかった。

もうひとつ、子どもに関する疑問となるのが、土井利勝（一五七三―一六四四）の存在です。土井利勝はのちに秀忠付きの老中になり、家光（一六〇四―一六五一）の時代にも大老を務めている。いってみれば、ずっとがんばってきて幕府の最高指導者になる人なのですね。この土井利勝について、彼の生きていた時代から「徳川家康の御落胤」という噂がありました。なんでも見た目から、すごく似ていたそうです。この御落胤説があまり馬鹿にできないのは、彼がいったい誰の子なのか、よくわからないのです。

土井を名乗るから土井の家の息子だろうと思うのですが、よくわからない。家康の母の於大《おだい》の方《かた》（一五二八―一六〇二）、この人は家康だけを産んで実家に帰されてしまいますが、この人の兄が水野信元（？―一五七六）という武士。家康からすると母方の伯父にあたることになりますが、織田と徳川との間にある刈谷という土地に、けっこう大きな領地を持っていました。それで織田にも徳川にも邪魔に思われて殺されてしまうのですが、この水野信元の一番末の庶子が土井利勝だという説があります。ところが水野の家のほうでは、土井利勝が庶子であるという史料はなにひとつ残されてないのです。

一方で、土井利勝は土井利昌という武士の家の養子か、もしくは実子ということになっていて、土井の家の系図にも土井利昌の息子・土井利勝と出てくる。ところがこの土井家というのは、それこそ三河武士ではなく遠江の武士。昔から松平家に仕えているわけでもなんでもないのですが、しかしその縁が深くもない家の利勝を家康は子どものときから非常に可愛がるのです。鷹狩りとかにも連れて行く。だからどうも息子だったんじゃないかという噂が、昔からありました。もし噂の通り隠し子だとすると、秀忠より年上ということになります。密かに家康から「徳川本家のことを頼むぞ」といわれていたのかもしれません。

この土井利勝が産まれたときも、秀康と同じ浜松時代です。秀康と違って利勝はかわいがられた。ただし秀康は認知してもらい、利勝は認知されていません。

もし本当に信康との間に対立があったとしたら、他の男子の存在は彼を牽制するカードになる。だからもっと積極的に取り扱っていたでしょう。現在、わりと有力な「家康信康不仲説」に、私がちょっと納得できないのはこうしたところです。

むしろ「信康がいればあとは万全。任せた」という気持ちでいたのに、武田と通じていたという疑惑が出てきた。それで調査をしたら明白な証拠も出てしまった。やはり本当だったということで、信長の命令で腹を切らせることになったのであれば、酒井忠次との関係性、酒井家の扱いまでみんな結びついてくる。

信康の忘れ形見のふたりの娘

もし信康の死を家康が痛恨に思っていなかったとしたら、信康の子どもをどう扱っていたでしょうか。信康には忘れ形見として、五徳姫との間にもうけたふたりの娘がいました。

五徳姫については、家康は冷たい対応をとります。信康が死んだ後、五徳姫は織田に帰る。織田は結局潰れるわけですが、その後の五徳姫については知らんぷりです。しかしふたりの娘は引き取った。先に次女を池田輝政のところに嫁に出したことはふれましたが、当時の大名にとって家と家の関係を深めるため、女子を他の大名の嫁に出すのはごくふつうのことでした。しかし本当の意味で、「この娘には幸せになってほしい」と思ったときは他の有力大名ではなく、家臣の、譜代大名のところに嫁に出すのです。

やはりよその大名のところに嫁にやるのであれば、いざというときのことを覚悟しなければならない。一番いい例が豊臣秀頼（一五九三－一六一五）の妻となった千姫（一五九七－一六六六）ですね。秀頼の妻になったばかりに、あの人は「大坂の陣」でひどい目に遭った。生きて帰ることができたからいいですけど、ふつうはあそこで死んでいてもおかしくなかった。しかし譜代大名のところであれば、そうしたリスクは考えずにすむわけです。

では信康のふたりの娘、家康にとっては孫娘がどこに嫁いだかというとひとりは本多、ひとりは小笠原。どう考えても徳川に背くことのない、譜代の家に嫁に出している。つまり家康は信康のふたりの娘のことを、政略結婚のコマには使っていない。つまり大事に考えていたのでしょう。それだけふたりの孫娘のことはかわいがっていたのに、五徳姫については知ったこっちゃないという姿勢です。このお嫁さんのせいで息子が腹を切ることになったとすれば、それも当然。そのように感じられます。

信康にしてみれば、父親の家康は、自ら前線に出て、浜松で武田と対峙している。それでようやく持ちこたえている状況なのに、同盟国の織田はろくに救ってくれない。そうなってみると、「なぜおやじは信長さんに頭を下げてばかりいるんだ」と考えることもあるでしょう。いっそ武田についたほうが、家の保全につながるのではないかという思いが出てきたとしても、不思議ではありません。

だから「信康が武田と通じていた」という信長の断罪は、あながち嘘ではなかったのかもしれない。また、そうしたことでもない限り、さすがの信長も同盟者の跡取りに腹を切らせることまではできなかったのではないでしょうか。家康にしてみても、実際に通じていた証拠が出てしまい、いい逃れ不可能なところまで追い詰められない限り、跡取りを殺すようなことはしないと思います。

高天神城攻め

武田と徳川の争いは、信玄の生きている間だけではなく勝頼の代になっても武田が優勢でした。しかしそれが「長篠の戦い」を経て、形勢が大きく変わった。武田が沈んでいく過程で、政治戦略的に興味深い事例となったのが高天神城です。

駿河を取った武田信玄は絶えず遠江に入り込もうとする。それを家康が浜松で陣頭指揮をとって防いでいる。そのときに最前線で拠点になっていた城です。

高天神城は現代であれば掛川市内。当時の徳川と武田の勢力の境界に造られていました。こうした城のことを「境目の城」といって、丘陵の上の険しいところに造る。徳川はこの城を防御の拠点として武田を防いでいた。武田にしてみると、この城を落とさないと領土が広がらない。「境目の城」とは、そうした形で機能するのですが、武田がいったん落としてしまうと、今度は武田側の防御拠点として使われることになります。しかし「境目の城」は勢力の境界にあるからこそ、その存在に意味があるわけです。

城には「この町を守るための城」もあります。たとえば博多の町を守るための立花山城、奈良の町を守るために松永久秀（一五一〇－一五七七）が造ったのが多聞山《たもんやま》城。堺は町自体が城でした。秀吉の伏見城も京都を守る城と捉えられるかもしれません。

こうした場合は「その町を取ろうとしたら、その城を落とさないとダメ」というかたちで城が存在している。近世の、江戸時代の城下町と城の関係はまさにこちらですね。城が先にあって城下町が広がるパターンがメインかもしれませんが、博多における立花山城のように、すでに町があってそれを守るために城を築くというケースもあります。こうした城であれば、その城を落とすと町もゲットできる。多聞山城を落とすと奈良の町もついてくるというように、そうしたおいしい城があるわけです。

「境目の城」の存在意義

しかし「境目の城」の場合は、勢力の境目にあるためにその城を攻めなければならないだけであって、その城を落としたからといって町があるわけでもないし、広い農地が手に入るわけでもない。戦争の攻防のまさに境にあることが存在意義。取ったからといって経済的においしいことがあるということはない。

ということは、たとえばもし徳川領がもっと駿河方面に広がったり、あるいは武田領が遠江方面に広がったりして境目が移動したら、残された城は役割を終えることになるわけです。そして変動した境目に、新たな境目の城が造られる。

高天神城の場合、もとは徳川の「境目の城」だったところを、武田勝頼が落とした。そのときこそ武田が最大の版図を達成した時期でした。高天神城は、今度は武田側の境目の城として機能するわけですが、ただこの城は維持が大変なのです。まわりに田んぼや畑がなく、自力の補給が難しい。だから、他の城からどんどん物資を運び込まないといけない。そうやって維持されていたのですが、そこに「長篠の戦い」があって、この戦いで武田はボロ負けに負けました。

反転攻勢に出た家康は、高天神城の周囲の田中城や諏訪原城など武田の城をどんどん落としていく。諏訪原城は高天神城を支えるための城だったのですが、こちらが先に落ちてしまうのですね。しかし高天神城は堅固な城なので落ちずに残っていた。

そうするうちにハッと気がついてみると、徳川は武田の城を次々と落としてすっかり旧領土を回復。遠江と駿河の国境くらいまで勢力を盛り返す。そうして高天神城はぽつんとひとつ徳川領に残された武田の城になってしまったのです。

このとき高天神城を守っていたのが、第一章の「桶狭間の戦い」のところで出てきた岡部元信です。あのとき主戦場の鳴海城を任されていた岡部元信が、今川が潰れた後に武田に再就職していた。そうすると当然のことではあるのですが、こうした新参者、一番新しく武田に加わった人間は、最前線の危ないところに配置されるのです。戦上手ということもあったでしょうが、それで岡部が高天神城を守っていた。

信長の指した一手が勝頼を追い詰める

その高天神城に信長が目をつけた。「この城を攻めろ」と家康に指示を出します。徳川領内で孤立した城ですから、兵站が続かない。物資が供給されませんから、高天神城は恐らく攻撃されるとすぐに降伏を申し入れてくることでしょう。こうした場合、城主が切腹するかわりに「兵たちは助けてくれ」と申し入れて、それが許されるのがだいたいふつうです。攻撃側も無用な損害を出さずにすみますから。しかし信長は「降伏を許すな」と家康に指示するのです。つまり晒《さら》しものにしろ、と。

高天神城としては戦いを続けることは物資がないので不可能。だから降伏したいのですが、それをいい出しても「ダメ」といわれる。信長がそれを許さないように指示を出した。これをやられた結果、大ピンチに陥ったのが武田勝頼です。彼は、高天神城を見捨てるのか、救援にいくのかという「究極の選択」を迫られることになりました。

見捨てるほうが簡単です。しかしそれをやると他の城に対して示しがつかない。要するに「勝頼様は俺たちが織田に囲まれてピンチになっても絶対に助けに来てくれないぞ」という先例ができてしまう。そうなると殿としての信頼がガタ落ちになって、みんな続々と離反していくことになるでしょう。

ではもうひとつ、高天神城を救けに行くとなるとどうなるか。それは「長篠の戦い」の二の舞になってしまう。あのときは長篠の城を攻め落とそうとして行ったら、織田信長が救援に来て、そこで武田と織田・徳川の大決戦になった。今回も高天神城を救いに行くと「待ってました」とまた大量に鉄砲を持った織田が出現する。それで再び負けたら、もう武田は本当におしまい。そのことは勝頼もよくわかっていた。

それで、見捨ててもピンチ、救けに行ってもピンチというギリギリのジレンマに陥ることになってしまった。勝頼としては、本当はそんなことになるまで高天神城を引っ張るべきではなかったのです。もっと早くに放棄して撤退しておけばよかった。太平洋戦争でいうとガダルカナル島が似たパターンですが、「しまった。もっと早くに放棄しておけばよかった」と思ったときは、すでに後のまつりだったわけです。

結局、勝頼の下した決断は「高天神城を見捨てる」でした。城は落城し、城主の岡部以下は討ち死にを遂げてしまいます。これをやってしまった結果、その後、織田信長が攻勢をかけたとき、武田側の武将たちはみんな「はい、私も裏切ります」「私も降伏します」という感じで、ダダダダダッと地すべり的に降伏していって、名門・武田はあっという間に滅びることになりました。

そういう意味でいうと、高天神城攻めは非常に面白い政治戦略上の着眼点を示した戦いということになります。が、これまた家康は特別なことはなにもしていないわけです。いえ、実際に戦ったのは家康なのですが、信長の指令を受けて戦ったわけで、高天神城の価値に目をつけて非凡な発想を示して見せたのは信長。さすがといったところですが、その点で家康はやはり平凡でした。

家康の見せた武田家リスペクト

結局、武田との戦いで家康はキラリと光るものを何も見せなかった。しかし家康のいいのは、苦労に苦労を重ねた武田という勢力に対して、すごく敬意を持っていたところです。有名な井伊の赤備えは、おそらく武田の兵を再雇用したわけですね。武田が潰れた後、失業した兵たちを雇い入れて、彼らを井伊直政のもとにつけた。もともと赤備えとは、江尻の城代を任されていた山県昌景という武田の武将がやっていたことなのですが、それを井伊が継承する。

井伊直政は、もしかしたら家康と唯一、男色関係だったのかもしれないといわれる人物ですが、彼の井伊家は、ある意味で家康が「テストケース」としてつくり出した家だった。だから井伊直政に昔から仕えてきた人はあまりいない。武田の旧臣を井伊家に配置させて、彼らに赤い鎧を着せて「お前らは、特別部隊だ」ということで、関ヶ原でも主戦力となります。家康は、それだけ武田の兵隊を高く買っていたわけです。細かくいうと、武田の将校を高く買っていた。武田の侍を評価していて、浪人になったところを雇い入れた。

それともうひとつ、家康は、あれほど自分を苦しめた武田家を、なんとか存続させようと苦心しています。最初、穴山梅雪という武田から寝返った人に、武田の家名を継がせようとした。梅雪は、母が武田信虎（一四九四－一五七四）の娘、つまり信玄の妹かお姉さんで、さらに信玄の次女と結婚している。つまり、いとこ同士で結婚していて、武田本家と穴山家は二重三重の縁故があった。その穴山梅雪が武田を名乗ることを信長に許してもらい、家康は武田家の存続を試みる。

信長はそういうところは非常にドライな人で「家など潰れてもなんの問題もないよ」という感じですが、家康は、家名というものを残そうとするのです。しかし「本能寺の変」で信長が殺されたとき、徳川家康と穴山梅雪はちょうど堺で観光をしていました。そこで信長の死を知り、これは危険だということでそれぞれ急いで国に帰る。家康はなんとか逃げ帰ることに成功するのですが、穴山梅雪のほうは途中で農民に殺されてしまいます。息子の勝千代（一五七二－一五八七）が穴山家と武田家の双方を継ぐのですが、この勝千代もやがて亡くなります。

武田・穴山家はここで滅亡。そうすると家康は、武田の家臣だった女性に子どもを産ませる。その子どもが家康の五男、松平信吉《のぶよし》（一五八三－一六〇三）で、彼に水戸を領有させます。その信吉に武田姓を名乗らせて武田家を再興させようとしたのですが、ところがこの信吉も二十一、二歳で子どもがいないまま亡くなっています。またしても家康の試みは、終わってしまいました。

それでも家康は、穴山梅雪の未亡人になった見性院《けんしょういん》（一五四三？－一六二二）という女性を大事にした。これが、のちにうまい具合につながったのが保科《ほしな》正之（一六一一－一六七三）の出生です。二代将軍秀忠が自分に仕えていたおシズさんという女性との間に隠し子をつくってしまった。しかし彼は恐妻家ですから嫁が怖くて表沙汰にできない。そこで見性院の養子という形でその子を預け、その子がやがて、武田の家臣だった保科正光（一五六一－一六三一）という、高遠の城主で三万石の殿様のところに養子に入ります。この子どもが、のちの保科正之になった。秀忠の隠し子だから、三代将軍家光の弟にあたるわけですね。

保科正之は会津二十三万石の殿様になりますが、この人がいたおかげで、世の中は武断政治から文治政治に転換していく。明暦の大火の後に、上野広小路のよう火除け地をつくろうと計画したりして、江戸の町の基本を築いたのも保科正之です。そして彼の会津松平家は幕末になって京都守護職を務め、そして……という話になるわけです。

家康は、武田にはさんざん苦しめられました。しかし苦しめられたからこそ、その強さも痛感し、武田から学ぼうとする姿勢を示した。キラリと光るものはぜんぜん見せませんでしたが、そうした姿勢はなかなか立派だと思います。

家康唯一の輝き「小牧・長久手の戦い」

家康の戦歴をもう一回ふり返ると、まず三河武士を率いて三河で独立を果たす。その後に信長と同盟を結び武田と戦うことになったわけですが、圧倒的に強い武田に対して家康はいつも防戦いっぽう。そもそも戦術的な才能のきらめきを見せる場面がなかったともいえます。結局のところ「三方ヶ原の戦い」のように大敗して、脱糞して逃げるのがせいぜいでした。

ただこれは逆にいうと、家康は常に強大な武田と戦って、地道に努力を続けていたということでもあります。このキャリアのおかげで彼の戦いの経験値は蓄積されていった。もともと才能がない人でも経験値の蓄積は大きな力になるものです。だから家康は、戦争というものをまったくの机上の空論で語る人と比べると、立派な武将だったのだろうと思います。

そうして経験値を積んだ家康の采配が唯一、見事にはまって輝きを見せた戦争が「小牧・長久手の戦い」（一五八四）でした。

対秀吉戦がはじまる

この戦いではまだ羽柴といった秀吉が攻めてくる。徳川家康を打ち破り、うまくいけばここで徳川を滅ぼしてしまえということで、東海地方をめがけて軍勢を率いてやってきます。家康としては、三河まで来られてしまうと自分の領地を荒らされてしまうわけですから得策ではない。美濃尾張、現在でいえば岐阜や愛知で防御することを考えて、それで尾張の小牧山城をとります。秀吉は、その動きに対抗するかたちで犬山城に入る。

ここで当時の戦争の方法論として、両者は野戦築城を行います。これは織田信長が考え出した、戦場で防御を固めるという工夫。有名な「長篠の戦い」で実践されたアイディアです。このときに信長は武田と戦うわけですが、兵隊すべてに木材を持たせて戦場に送り出した。そして現場で馬防柵をつくり、武田の攻撃を防御しつつ戦い、勝利しました。

こうした「野戦築城」は、太平洋戦争を知っている我々からすると、もはや常識と感じられるかもしれませんね。一番有名なのは「硫黄島の戦い」。硫黄島に派遣された兵隊はその日のうちから穴を掘り出す。みんな死にたくないわけです。だから自分が命をかけることになる陣地は、なるべく有利になるように手を加えたい。硫黄島でも兵士たちは自分で穴を掘り、その穴で防御した。そうしてさんざんにアメリカ軍を苦しめました。

第一次世界大戦ではいわゆる「塹壕《ざんごう》戦」が行われます。塹壕を掘って、そこで敵の攻撃をしのぐ。こうした行動は当たり前のような気がしますけど、しかし日露戦争のときには、そうした感覚があまりなかった。だから日本軍が二百三高地を攻略しようとしたとき、コンクリートで固めたトーチカから自動機関銃の斉射を受けますが、現地で防御陣地を構築するという発想はなかった。そのまま身体をさらして攻撃を行い、打つ手もなくやられていった。しかし、塹壕を掘るという発想が出てきて、戦場で突貫工事を行うようになっていきます。縦横に塹壕を掘り、敵の攻撃を防ぎつつ攻撃する。信長はそうした野戦築城を、最初に実践した人かもしれないと思います。

信長の考え出した工夫は、すでにこの時期、武将たちに共有されるようになっていました。秀吉のように「新しいもの好き」の人だけではなく、脳筋タイプに見られがちな柴田勝家（一五二二―一五八三）なども、盛んに野戦築城を行っています。お城ファンにはたまらない山城なども築いています。

両者膠着状態に持ち込んだ家康

秀吉と家康が対峙した「小牧・長久手の戦い」でも、犬山城と小牧山城で防御を固め、さらに周辺でも野戦築城を行って砦を築く。そうすると、よくいわれる「先に手を出したほうが負け」という状況が出現するわけです。くり返しいっているように、ふつう城を攻めるときには防御側の三倍、できれば五倍の兵力を用意する必要があることは、これは戦争の鉄則です。それだけ攻撃する側が不利。つまり、両者が防御を固めて対峙している場合は、先に手を出すほうが不利になるわけです。

防御側の家康は「負けなければ勝ち」。がんばって対峙していればそれでいい。しかし攻める秀吉としては、多くの将兵を用意していますので、なんとかして決戦に持ち込みたいと思うわけです。そこでなにを考えたかというと、おそらく秀吉は対柴田勝家戦「賤ヶ岳の戦い」でうまくいった作戦を、再び実行しようとしたと、私は考えています。

秀吉の戦争のやり方として、とにかく動くのです。彼は足軽などの部隊を、さまざまに歩かせた。歩かせて歩かせて、その中で勝機をつかむ。

これは一般にまでは広まっていないかもしれませんが、軍事のプロの間ではナポレオン戦争くらいから「兵隊さんは歩くのが商売」という思想が語られるようになりました。一日何十キロも歩いて、行軍する。そうして歩けば歩くほど勝つことができる。こうした思想をナポレオンなどは実践しています。

だから兵士にとって「靴」は非常に重要で、しっかりした靴を履いているか履いていないかが、生死を分かつ。敵兵の遺体と行きあったら「とにかくまず靴を盗む」という話があったくらいです。

明治維新のときの戊辰戦争以来、日本の軍隊でも、歩くことをすごく大事にしています。日本人の歩きかたから変えてしまい、それまでの手足をそろえる「ナンバ歩き」から、右足と左手、左足と右手を出すという現在の歩きかたに統一した。長い距離を歩くときは古来の「ナンバ歩き」のほうがいいのかもしれませんが、歩兵としては、現在の形のほうが運動能力は高くなる。だから小学校の朝礼の前にみんなで行進をやって歩きかたを統一した。そんなところから変えてしまったわけです。ちなみに現在の自衛隊では、一日の移動距離は二十キロが基本になっているそうですね。

秀吉最大の独創は「歩くこと」

秀吉の用兵の独創は、この「歩くこと」にあった。対明智光秀戦で見せた「中国大返し」では、平均して一日二十キロほどの移動を行ったといわれます。それであっという間に中国地方から京都に戻り、「え、もう帰ってきたの⁉」と驚く明智光秀を打ち破った。

秀吉は「賤ヶ岳の戦い」でも、こうした軍の移動を行って勝機をつかんでいます。このときも両者が野戦築城を行い、防御を固めてにらみ合うかたちになった。そこで秀吉はわざと美濃に部隊を動かして見せるのです。賤ヶ岳というと琵琶湖のほとりですが、そこから美濃に動く。美濃には、柴田勝家と連絡をとって秀吉と戦おうとしていた織田信孝（一五五八－一五八三）がいました。この人は信長の三男ですが、秀吉は彼を攻めてあっという間に降伏させます。

そうした秀吉の動きが柴田陣営に聞こえる。「お、秀吉はいないんだ。では今のうちに叩こう」ということで、柴田陣営の中でも戦術面で優秀な武将だった佐久間盛政（一五五四－一五八三）が出撃し、羽柴陣営を攻めた。それで明智光秀との戦いでも重要な役割を果たした中川清秀（一五四二－一五八三）などが戦死しています。ちなみに中川家自体は、江戸時代を通じて、大分の岡城七万石の大名として存続します。この岡城は、滝廉太郎（一八七九－一九〇三）の「荒城の月」のモデルになった城です。

その中川清秀が戦死をするほどの激しい戦闘が行われた。この知らせを美濃で聞いた秀吉は「しめしめ敵が出てきた」ということで、急いで引き返す。これが「中国大返し」と並んで「美濃大返し」と呼ばれる軍事行動になるのですが、「美濃」のほうは、それほど有名ではありませんね。しかし「中国大返し」よりもさらに早いスピードで移動したといわれます。ものすごい速さで戻り、戻るやいなや柴田軍に襲いかかって、それで一挙に勝敗を決した。

よく前田利家（一五三八－一五九九）が秀吉サイドに寝返ったというエピソードが言及されますが、それはあくまでオマケであって、この戦いの本質は、秀吉がわざと美濃に移動してみせて、それで柴田軍を陣地からおびき出したことにあります。そうして柴田軍の中核である佐久間盛政の部隊を叩き、その勢いのまま柴田の本拠、福井の北ノ庄城まで攻め入った。勝家は自害することになり戦いは終わります。

秀吉の対家康陽動作戦

味をしめた、ということではないでしょうが、秀吉はこの「賤ヶ岳」でうまくいった手を、また「小牧・長久手」で再現しようとしたのだと私は理解しています。

「小牧・長久手」でも両者は防御を固めて対峙するかたちになった。つまり攻撃する側が不利。そこで秀吉は二万人の兵士からなる別働隊を組織して、小牧城にいる家康の頭越しに三河を突く動きを見せた。

この部隊の名目的な主将は、のちに一時的に秀吉の跡目を継ぐことになる秀次、当時はまだ羽柴秀次（一五六八－一五九五）です。そして実質的に軍勢を動かしていたのが池田恒《つね》興《おき》（一五三六－一五八四）。この人は清洲会議にも顔を出していました。彼の池田家は、のちに鳥取や中国地方の大名となります。また池田恒興の娘婿である森長可《もりながよし》（一五五八－一五八四）もいて、彼らが二万の軍勢の中核を構成していました。

昔からこの別働隊について、「隠密部隊だった」といわれてきました。しかし考えていただければわかりますが、二万もの軍勢が、隠密部隊のはずがないのです。二万人の兵士が道を行く。その間をぴったり詰めて歩くわけにはいきませんから、仮に一メートルの距離をおいて移動したとすると、ふたり並んで歩いたとしても一万人×一メートルで、頭から後ろまで十キロの行列となります。そんな隠密部隊なんてあるわけがない。すぐに見つかります。

しかし見つかることは秀吉も計算のうちで、この軍勢は「囮《おとり》部隊だった」と私は考えています。別働隊に三河の本拠地をつかれると家康は絶対に困る。補給線も断たれてしまい、長期滞陣もできなくなります。秀吉は自分が部隊を動かすことで、家康がやむなく陣地から出るしかない状況をつくり出そうとした。そして家康が出撃したところを捕捉し、野戦に持ち込もうとしたのだと思います。野戦になれば秀吉の軍勢のほうが多数ですから、有利になります。

結果として徳川家康は、その囮部隊に食らいついた。その攻撃を受けて囮部隊はほぼ全滅に近いかたちになります。「賤ヶ岳」における中川清秀と同じで、実質的な指揮官である池田恒興や、その息子の元助（?－一五八四。通称のような名前ですがこれが諱《いみな》なのです）、森長可も戦死してしまった。

天才の予測を超えた家康の動き

ここまでは、秀吉も読んでいた。家康は、秀吉の読み通りに動いたわけです。しかし秀吉の予測を超えていたのはその速さで、このときの家康は非常に俊敏に動いたのです。秀吉の別働隊が動き出したことを知ったとたんに小牧山を出て、捕捉に動く。そして見事に撃破する。そして別働隊を全滅させるやすぐに兵を戻して、また小牧山に立てこもります。

秀吉にしてみれば「家康が餌に食いついた。よしっ」ということで犬山から出撃し、家康を捕捉しようとした。そして「家康どこだ、家康どこだ」と相当、探し回ったのですが、家康はすでに城に戻っていた。それほど迅速に行動したのです。秀吉は結局、家康を捕捉できずに終わる。餌だけ取られたかたちで、犬山城に帰ることになります。そしてふたたび、両者の対峙がはじまりました。

結局、「家康とまともに戦って降伏させることはなかなか難しい」ということで、秀吉は政治的に家康を追い詰める方向に転換します。

家康はこのとき織田信雄《のぶかつ》（一五五八－一六三〇）と同盟を組んでいました。この人は信長の次男。父の才能は受け継がず凡庸な人ですが、もともと家康は、織田家の後継者はこの信雄であり、それをないがしろにする秀吉は許さないということで、戦いの正統性を打ち出していました。秀吉はその信雄を攻めて、居城の伊勢長島城を攻撃します。すると信雄は、みっともないことにすぐ降伏してしまいました。

家康にしてみると、信雄が降伏してしまうと、単独で戦う大義がなくなってしまうのですね。秀吉はまず家康から戦う意義を奪い、その後、秀吉は朝廷を利用する。彼はあっという間に関白になり、豊臣という姓もつくった。そして朝廷の威光のようなものをバックにして、家康が頭を下げざるを得ない状況を、政治的につくり出していくわけです。

しかし秀吉が、軍事的に家康を倒すことを諦めたことは事実。家康は一日も二日も置かれるかたちで、対秀吉戦という危機を乗り切った。だから「小牧・長久手の戦い」における家康は、たしかに見事な采配を示したといえるでしょう。

信長・秀吉の創意工夫と家康の平凡

ただし、これひとつなのです。家康が「いや見事ですね！」と称賛されるような戦いぶりを示したのは、この「小牧・長久手の戦い」ひとつだけということになります。他の戦いで名将ぶりを示して、「おお、これは！」と思わせるようなキラリと光る作戦を見せたかというと、これがないのです。そもそも創意工夫は、家康の戦いにおいてはあまり見られないものでした。

信長や秀吉が工夫したアイディアを取り入れることは、家康もやります。たとえば信長が考え出した野戦築城も取り入れる。「兵站の確立」も、信長と秀吉のふたりの創意工夫です。

それまでは戦いのときに、しっかりと食糧を持って行くことはあまり考えなかった。「攻め込んだ現地で調達しなさい」といった、そうした安直な考え方がありました。しかし秀吉は確実に食い扶持《ぶち》を持って行くようにします。あるいは現地でお米を手に入れるとしても、ちゃんと対価を払う。そしてきちんと補給も行う。こうした兵站についての考え方も信長、秀吉のときに確立されます。

秀吉の軍事については「城攻め」が有名ですね。堤防を築いて城をまるごと水没させたりする。城攻めに創意工夫が発揮された。それはその通りなのですが、秀吉の最大の独創性は、先にふれたように「兵の運動性を重視したこと」にあると思っています。

そうした先例を見ている家康ですから、野戦築城もやる。兵站もきちんと整備する。行軍も大事にする。そうした工夫を取り入れて、家康は軍事をやります。「富国強兵」もおそらくできる。きちんと領土を経営して富を築き、兵をそろえる。家康は、これはできる。しかし戦場の名将と見られるような戦績は、実は持っていない。彼自身が新しく目ぼしい工夫を凝らしたということもない。そこがなんとも家康らしいなと感じます。

第四章

家康の政治・経済——なぜ、江戸？

頼朝と比べて（文官がいない）

家康は江戸の町を整備して幕府をそこに置いた。同じく関東に政権の本拠地を置いた先輩に源頼朝がいます。もちろん頼朝の時代と、戦国時代から織豊政権を経た江戸幕府の時代とでは、絶対的な時間の隔たりがある。だから単純に家康と頼朝を比べて「鎌倉幕府のほうが幼稚だ」ということは簡単です。しかし見てみると、頼朝という人はなかなか面白いことをやっているのです。

頼朝は自分の政権を立ち上げたときに、京都から貴族を連れてきて文官として積極的に登用した。下級官人（官僚というのも変なので私は官人という呼びかたをしています）をスカウトして、政治における自分の手足として使ったのです。

鎌倉幕府の公式歴史書である『吾妻鏡』を見ると、なんと頼朝は旗揚げの以前から、「あの人は京からやって来た人だ」という噂を聞くと、すぐにヘッドハンティングに行っていた。それが大和判官代《やまとほうがんだい》藤原邦通《くにみち》という人なのですが、この人が本当に藤原氏かどうかはよくわかりません。血筋もあやしいのですが、教養の筋もどうもあやしい。彼が書いたと思われる頼朝の出した初期の文書は、のちのものに比べてかなりお粗末です。

しかしそれでも、「それっぽいものが書ける」というだけで、書けないより全然マシだった。頼朝の周囲にいた武士たちは、文書以前に、そもそも文字の読み書きもできないような人たちでした。文書行政をやろうと思ってもそれじゃあ話にならないわけです。だから頼朝が文官をスカウトしたことも、ある意味「そうするしかなかった」といえるのですが、彼が、政権をとるはるか以前から、文書行政ということを念頭において、それができる人材を確保しようとしていたのは面白い。

実は文書行政をやっていない

そうしたことは室町幕府を開いた足利尊氏（一三〇五－一三五八）もやっていないことですし、家康もやってない。それをいうと、驚くべきことに家康はそもそも文書行政自体をやってないのです。たとえば関ヶ原のあと、家康は福島正則（一五六一－一六二四）に「お前に安芸一国をやる」などと褒美の話をする。「安芸一国をやる」くらいであれば話はまだわかりやすいですが、違う大名であれば「お前にはナントカという国の、ナニナニ郡とナニナニ郡を与えよう」という細かい話も当然あるわけです。そういうややこしい話は「あなたにはこれだけ与えましょう」という文書をきちんと発給して行うべきだと思うのですが、これをやっていない。

さて、それをどう考えたものか？　研究者の中には「関ヶ原が終わった時点では、家康の力はまだ脆弱《ぜいじゃく》。文書としては表せなかったのである」という論をおっしゃる人もいます。

だけど私は、これはまったく逆だと思っていて、つまり家康の場合は、いちいち文書にしなくてもみんな納得。福島正則に対して「安芸国をやる」といったら、その言葉だけでじゅうぶんな効力があった。それくらいの力があったということではないかと思います。しかし頼朝の当時は、本当にまだ権力が脆弱。「お前にナントカノ荘をやる」といってそれでみんなが納得するかといったら、そこまでの力はない。ついつい侵略を受けてしまったときに「ほら、これを見ろ。俺はナントカノ荘を頼朝様からもらっているんだ。鎌倉幕府からもらっているんだ」と主張しなければならなかった。だから、頼朝は文書行政を行っていた。おそらくそのほうが実態に近いでしょう。

ただそれはそれとしても、家康はそもそも文官というものの必要性をあまり考えてはいなかったという気はします。家康のまわりの武士たちには、それなりに教養なり文化なりに親しんだ武士たちがいました。だからわざわざ貴族から文官をスカウトすることなく、彼らを使えばよかった。

たとえば本多正信という政治向きの人材がいましたし、財政面でいうと松平信綱（一五九六－一六六二）の義理のお父さんで、血のつながった叔父でもある、松平正綱（一五七六－一六四八）がいました。「そんな人はよく知らん」とおっしゃる方もいると思いますが、日光の杉並木をつくったのがこの人です。彼は財務官人として働き、だから相場にも明るかった。江戸幕府にはこうした人たちがいて、それなりに仕事をしていた。だから今さら朝廷あたりから、文官を召し抱えてくる必要はなかったのだろうと思います。

秀吉と比べて（三成もいない）

ただ頼朝と比べたときは「そこは時代の差」ということで片づくと思いますが、時代が大して変わらない秀吉と比べたときにも、家康とはけっこう大きな違いが出てくる。ちなみに信長の場合は、彼の政権はまだまだ不確実なものだったので、こちらとの比較はしないでおきます。

秀吉が自分の政権をつくったときになにを重んじたか、なにを重視して人材を登用したか？　当時の武士のことですから、首をとったとか合戦でどういう手柄を立てたとかがものすごく大事なのかなと思っていると、実は彼の場合、武勲ではないのですね。

一番わかりやすいのは加藤清正です。彼は対柴田勝家戦で活躍し、「賤ヶ岳の七本槍」のひとりとして戦場での働きでまず三千石をもらいます。一躍三千石ですからこの時点で、すごい。大盤振る舞いです。しかしこのときの秀吉はおそらく「賤ヶ岳の七本槍」（実は十人だという話もあるのですが）として、とにかく「俺の配下にはこういう将来有望な若者がいるぞ」ということをアピールしたかったのでしょう。ですからこれはどちらかというと、世間にむけたパフォーマンス的な要素があった。だから「七本槍」といってもみんながその後、さらに出世できたわけではない。大出世した人もいれば、そうでもないなという人もいるわけです。

たとえば加藤清正と脇坂《わきざか》安治（一五五四－一六二六）という人物を見てみるとよくわかります。脇坂、通称は甚内《じんない》という人です。この脇坂甚内に秀吉が出した文書が残っていたのですが、水をかぶってしまっていてなかなか読めなかった。これを史料編纂所で修補をさせていただいたところ見事に読めるようになったのですが、そうすると面白いことが書かれていました。三千石をとったあとの脇坂甚内に、秀吉は「木を切れ」と命令しているのです。

伊賀地方を脇坂甚内に預ける。ここで間違ってはいけないのは、伊賀を預けるといっても伊賀の大名になったわけではなく、伊賀地方を担当する役人、代官に任じたのですね。だからサラリーは伊賀とは関係ありません。その伊賀地方を管轄して何をやったかというと、ここは昔からいい材木が採れた。秀吉はその木を切って京都へ運べということを厳命するわけです。

問われるのはマネージメント力

現地で木を切るところまではいいのでしょうね。それはまあ、甚内もできる。しかしその切り倒したでっかい木をどうやって京都まで運ぶかとなると、かなりの行政的な手腕が問われることになるわけです。今であればトラックで輸送するのでしょうが、しかしそれでも山に道を造らなければなりません。古来、伊賀からどうやって木を運んだかというと、川でした。川を使って木を流した。上流から下流に流すので、おそらく筏に組んで流すのでしょう。それで川で下して、ある地点まで行ったら陸上を運搬することになる。これらをこなしていくのはたしかに難しそうで、当時はやっぱり大変な仕事だったことでしょうね。

しかし秀吉は、京都でいろんな建物を造るからと木を切って運べといってくる。それに脇坂甚内は悲鳴を上げました。「私はこういう仕事にむきません。どうか戦場に連れて行ってください。槍働きなら得意です。頑張ります」というのですが、秀吉は取り合わない。「お前、なにか勘違いしてないか。しっかりと木を切って都へ運ぶのがお前の仕事だ」ということで、「いついつまでに何本を送れ」と厳命してくるわけですね。

秀吉本人は北陸に赴いて合戦中なのですが、一週間かもっと短い間隔で、非常に細かく催促して、「何本、木を運んだ?」と確認してくる。それである程度、脇坂甚内が仕事をやった段階で「おつかれさん。お前に一万石やろう」と。さらにそうした仕事をこなすと「二万石やろう」と。その調子で脇坂は二万石から三万石に石高を増やしてもらい、いってみれば地道な感じで身代が大きくなっていきました。

脇坂は秀吉の子飼いではあるのですが、正直、あまり大きな大名にはなれませんでした。三万石止まりです。ただ「賤ヶ岳の七本槍」でもとうとう一万石に届かなかった人もいますので、それに比べればそれなりにまあまあ認められたほうかなとは思います。

秀吉の超弩級の抜擢人事

ところが加藤清正の場合は三千石もらったのちに、一躍、二十万石超の大名になるのです。秀吉が甚内に手紙を出していた北陸の戦線とは、越中の佐々成政《さっさなりまさ》(一五三六–一五八八)を攻めるためのものでした。この佐々成政はもと信長の家臣です。ということは秀吉のかつての同僚だったわけですが、秀吉はその佐々成政を攻めて降伏させる。佐々は非常に戦が上手い人だったので、朝鮮出兵を考えていた秀吉は、彼に肥後一国を任せるという大盤振る舞いをします。気前のいいところを見せた上で、肥後というところは地元の武士たち、これを国人《こくじん》といういいかたをしますが、「肥後の国人たちは、治めるのに難しいから気をつけろよ」とアドバイスした。

しかし佐々成政はちょっと意気込んでしまったのかな。肥後の武士たちは「今度来た奴はとんでもないぞ」ということで反乱を起こします。その反乱がまたたく間に肥後じゅうに広がってしまいまして、シャレにならない勢いになった。こうした反乱を国人一揆と呼びます。朝鮮出兵の前ですから、秀吉としては「なにやってくれてんだ！」といいたかったことでしょうね。結局、九州の自分の配下の大名たちに動員をかけて、一揆勢を潰すことになります。そして佐々成政のほうは、ヘマをしたということで切腹。

昔は「わざと反乱が起きるのを見越して佐々に肥後を与えた」などといわれてきましたが、それはちょっと秀吉に対して意地の悪い見かたが過ぎると思います。おそらく佐々成政が支配を急ぎすぎてしまったのでしょう。そうしてぽっかり空いた肥後を、北半分を加藤清正に、南半分を小西行長（？－一六〇〇）に与えるということをやるわけです。それぞれ石高でいうと二十万石を超えることになりますが、そうするともはや中堅大名なのですね。三千石から、一気に二十万石の大名になったということで、これは本当にとんでもない大抜擢でした。

では秀吉は清正のどこを買って一足とびの抜擢をしたのか。武闘派のイメージがある清正ですが、実は「賤ヶ岳の戦い」で槍働きしたのち、合戦では活躍していないのです。どうもデスクワークをずっとやっていたらしい。このデスクワークでしっかりと仕事をしたので、秀吉は彼を買った。秀吉が人の力量を測る目安は、戦場での働きもあるのでしょうが、それ以上にデスクワークがちゃんとできるかどうかを重視していたのです。

豊臣家の人事評価制度

しかしこれもある意味でいうと、やっぱり戦争が基準なのですね。この時代になると、もはや戦争は総合力。一騎当千の武者が槍を振り回してオラオラといっても、鉄砲で蜂の巣にされるだけ。それよりも、どれだけ土地を治めてどれだけ税金を払わせて、どれだけの人を雇って軍勢を編成するか。しかも兵にどういう武器を持たせて、彼らに飯をしっかり食わせてということまですべて差配できる能力が問われる。これは政治も経済も明るくないと実践できません。だから清正を抜擢した理由も、そうした政治も経済もしっかりできる奴だということにあった。のちに朝鮮出兵を行うという展望があった秀吉は、清正の能力を確認し「お前はここで頑張れよ」ということで肥後においたらしい。小西もおそらく同じことだったのでしょう。

秀吉は実際に朝鮮出兵を命じた。このとき、九州の大名たちにとんでもなく厳しい動員がかかります。この時代、四十万石でだいたい一万人の兵を動員することができた。これが一般の基準でした。そうすると四万石で千人、百石だと二・五人くらいということになります。ところが朝鮮出兵のとき、秀吉は九州地方の大名たちには百石あたりで五人、中国・四国地方には四人兵士を連れてこいという命令をしたようです。だから加藤清正の場合は二十万石として一万人の兵士を連れて行かなければならなかった。それは当時の常識の倍の動員ですが、しかし秀吉の命令とあらば、やるしかない。肥後北半分の領地をしっかり治めていなければ、とてもこんな厳しい動員に耐えることはできなかったでしょう。政治経済の能力がないと、断じて無理ということになります。

デスクワークの能力を重視した秀吉の人事。その代表的な例が石田三成ということになりますね。彼は近江佐和山で十九万石をもらった。彼と同じタイプの人材として増田《ました》長盛（一五四五－一六一五）という人もいます。こちらは大和郡山で二十万石。大和郡山はもともと秀吉の弟の秀長がいたところですが、秀長が亡くなったあと、空いたところに増田長盛を置いたわけです。加藤清正との出世競争で考えると、清正は肥後で二十五万石。しかし石田の近江や増田の大和郡山は京都に近い。となると、どう見てもそちらのほうが価値は高いのです。

秀吉の下では、こうした形で文官的な人材が起用され、彼らは朝鮮出兵のときに後方支援を担当することになった。現代でも、ロシアのウクライナ侵攻の問題で兵站の重要性が語られますが、まさに朝鮮出兵の兵站線を保持したのが三成であり長盛であるということになります。

秀吉と三成、家康と直政

秀吉はこのようにデスクワークの能力を買うわけですが、家康にはその姿勢はない。秀吉のように「三千石の清正を一気に二十万石超の大名にする」といった破天荒な大抜擢もなし。家臣たちはこつこつ戦場で武勲を立ててちょっとずつ石高を増やしてもらって、地道に身代を大きくしていく。そうした中で、なんだか知らないけど関東に行ったら十二万石もらうことになって、家来の中でもトップになってしまった井伊直政だけは例外です。

井伊直政は、関ヶ原のあともさらにご褒美をもらい、近江佐和山を与えられる。つまり三成の城をもらったわけです。石高もほぼ同じで十八万石。こうした扱いから「家康と井伊直政は恋人同士だった」という話も出てくるわけですが、この点について私は、ここまでいってきたように、井伊の家は家康自らプロデュースしてつくったテストケースの家だったと見ています。井伊直政の個人的なアレは関係ないと思います。

ただ直政は三成の城をもらいはしましたが、佐和山城に入るのは縁起が悪いということで彦根に城を築くことにした。ただしその計画を発表したあと、関ヶ原で受けた傷がもとで死んでしまい、彼が城の完成を見ることはありませんでした。

それはともかく、家康にしてみると秀吉にとっての三成は「まさにお前、直政だ」ということだったのでしょうね。しかしポジションは同じでも中身がまるで違う。井伊直政は政治能力もあった。しかしあくまで戦場で叩き上げた人です。第三章でふれましたが、井伊といえば有名な赤備え。赤い装備で統一された、徳川の最強部隊を率いていた人物ですから、ともかく強かった。直政本人も戦場の武勲で生きてきた人でした。人柄としても自分にも非常に厳しいけれど家臣にも厳しい。井伊家ではヘマすると直政に斬り殺されてしまうくらい厳しいことで有名でしたから、三成とはまったく人物像が違います。三成は家臣をずいぶん可愛がる人でした。

徳川家の場合、純粋に三成に比べられる人物というと、本多正信や松平正綱がそれにあたると思われます。しかし彼らは本当に領地が少ない。松平正綱が二万石。本多正信は二万二千石という説と一万石という説がありますが、どちらにせよしょぼいわけです。そのあたりを見ると、あまり政治だけに特化した人は徳川家では評価されないのですね。家康の場合はやはり、いかに戦場で戦争を遂行するかということを重視する。総合力で評価していた秀吉のほうが、「時代を先取りしていた」といういいかたはできるのかもしれません。家康はその意味でいうと、ふつうの人ということになると思います。

しかし江戸幕府の開始時点では、当時の大名たちは家康と同じ感覚の人がほとんどだったことでしょう。だんだん江戸時代が進んでいくと、武士の刀も竹光になり、一生懸命勉強しないと出世できないという世の中になっていきますが、家康の時代においては、まだまだ槍を振り回したりして「戦場でどれだけ活躍するか」ということのほうが、どこの大名でも重視されていた。家康自身もその感覚に近いということがわかります。そこが秀吉と違う。秀吉ほど振り切ってないな、と思いますね。

毛利をどうする？

関ヶ原が終わったのち、いや関ヶ原の前からですが、家康にとって一番扱いが面倒な大名は毛利でした。

豊臣政権の下では五大老という制度があった。家康はもちろんそのひとり。筆頭格です。他のメンバーを見ると、宇喜多秀家（一五七三―一六五五）は完全に徳川の敵。石田三成とともに動くわけですから、もはや交渉の余地のない相手です。これはもうどうしようもない。それから上杉景勝（一五五六―一六二三）も完全に敵に回っている。これも戦うのみで、交渉もへったくれもない。対照的に前田利長は完全にひれ伏していた。すでに家康に対して土下座外交を展開していて、お母さんであるお松（一五四七―一六一七）を江戸に人質に出している。ですからこちらは逆の意味で、関ヶ原の前夜にすでに交渉の決着はついている。残るのが毛利輝元（一五五三－一六二五）です。

この毛利をどうするかが一番、ややこしいということになります。石田三成は自分が総大将になるには貫禄が足りないと考えて、西軍の総大将に、毛利輝元を担いだ。毛利はうかうかそれに乗ってしまって大坂城に入ります。そして秀頼を補佐して西軍を動かしていくということになった。そうした毛利輝元に対して、どのようにコンタクトしていくか。これが関ヶ原の前夜の、家康の一番大事な外交交渉となっていくわけです。

こうしたとき、秀吉政権であればそれなりに交渉が得意な人間が出てきて、頑張る。たとえば小西行長などが交渉役をやるわけです。もっとも、小西も兵隊を率いて戦っていた人ですから、やはり当時は、戦場での実績がない人だと交渉しようにも相手に信用されなかったのでしょうね。ただ、すでにこの時期は戦場で槍を振り回しているだけという人は使い物にならない。

関ヶ原前夜の外交劇

関ヶ原のときは、まず動いたのが毛利サイド。毛利の一番の家老であり、自身も十万石の大名である吉川広家（一五六一－一六二五）が黒田長政（一五六八－一六二三）に連絡をとる。長政は秀吉の謀将として有名な、黒田官兵衛（一五四六－一六〇四）の息子です。広家はもともと黒田官兵衛、長政の親子と親しかった。長政はこの後、吉川広家に宛てて有名な手紙を書いていて、そこには「世の中がどう変わろうと、私とあなたの友情は変わることはない」ということが記されていました。それほどの親交があった黒田に仲介を頼んで徳川に連絡をとろうとしたわけです。

広家は長政に、うちのバカ大将……、これが文書の中でバカだとはっきり書かれているのですが、「うちのバカが家康様に刃向かうとかいう愚かな決定を下してしまいました。しかし私が責任をもって止めますので、なんとか毛利の家をお願いします」ということを伝えてきました。

黒田がそれを家康に知らせるにあたって、井伊直政と本多忠勝を動かします。こうしたとき、家康に直接行かないで、必ずワンクッション入るものなのです。それで井伊直政と本多忠勝が連絡役として機能する。

吉川は「決戦の場では我が毛利は動きません。絶対に徳川様に対して攻撃しません」ということを約束する。結局、実際に関ヶ原のときはその約束が守られた。有名な話ですが、毛利は南宮山《なんぐうさん》というところに布陣する。家康は広家の約束をおそらく信用していたのでしょう。とにかく毛利は兵を向けてこない、攻撃してこないということを完全に信用して、南宮山には背中を向けます。一応、東軍の池田と山内をそこに対して配備しますが、彼らの兵はそんなに多くなかった。もし毛利が動き出したら彼らは踏み潰されて家康も危険なことになっていたと思いますが、そこはしっかりリスクを見切って、南宮山に背を向けた形で石田、小西、宇喜多の西軍主力と対峙する。そして見事に彼らに勝つわけです。

この交渉において吉川広家、黒田長政、本多忠勝、井伊直政の外交ルートが生きたのですが、その本当の力が発揮されるのは関ヶ原の〈その後〉です。

大坂無血開城実現へ

関ヶ原で勝った家康は、噂によると人前ではあまり喜ばないでいたらしい。むしろ「さあ、これからどうするか」と考えこんだといいます。それももっともで関ヶ原で勝ったとしてもまだ東軍の勝ちにはならないのです。東軍の勝利条件はなにかというと、大坂城を取ること。大坂城を取るために家康たち東軍は近畿地方を目指した。それに対して西軍は「関東の田舎に帰れ！」と、通せんぼをした。つまり関ヶ原に防御ラインを敷いたわけです。しかしその防御ラインが突破されて、家康たちが近畿地方に入ってくる。そして京都を制圧し、大坂城に向かう形をとる。そこには秀頼を抱えた毛利の本軍がいるわけですね。その大坂城に西軍の残党が加わって籠城する可能性が、まだじゅうぶんにあったわけです。籠城が始まったら、勝敗はまだまだわからない。長い目で見ればやはり家康が勝つのでしょうが、しかし秀頼を抱えられた状態で大坂城に籠城されると、もと豊臣系の大名たちの動向が読めなくなる。黒田は腹が黒いから秀頼につくことはないかもしれませんし、そこは細川も同様でしょう。しかし福島正則あたりはとても大坂城に攻めかかることはできないでしょう。だからなんとかうまいこと交渉を行って、毛利を大坂から去らせる必要があった。そのときに大きな力を発揮したのが本多忠勝、井伊直政、黒田長政、これに福島正則が加わります。

まず本多、井伊が、黒田、福島に家康の意向を伝える。そしておそらく主導するのは黒田でしょうが、黒田と福島が毛利に連絡する。すでに彼らは「徳川様」と呼んでいるのですが、「徳川様は毛利家をないがしろにいたしません。大事に思っています」という手紙を書くわけですね。

それでなぜか不思議なことに、毛利輝元は「領地を一切減らさないというお約束をしていただいてありがとうございました」という手紙を返しているのです。もう一回いうと、「徳川様は毛利家をないがしろにいたしません。大事に思っています」という手紙だったはずなのです。それがいつの間にか「領地を削ることはない」と解釈されていた。ということは、そこは文書には明記されていない。たぶん使者として派遣された人物が口頭で補足して伝えた。それにコロッと騙された毛利は「領地が削られないんだったら」ということで大坂城を出てしまう。こういうところ、吉川広家が「バカだ」といったのも無理はなかったのかもしれません。

それで徳川家康の大坂無血入城が実現する。結果、秀頼を抑えて「いつでも秀頼を殺せますよ」という形になり、ここでチェックメイト。家康は天下人になりました。

その後、黒田から毛利にもう一回手紙が行くわけです。「なにか勘違いしているようですけど、あなたは腹を切らなきゃいけませんよ」、と。騙されたと悟ってもあとの祭りでしたという話になるのですが、それは今回のテーマではないのでここまでにしておきます。

徳川四天王のポジション

こうした交渉において、直接、家康の意を汲んで一生懸命、動いたのは本多忠勝や井伊直政でした。彼らは戦場で成長していった人ですけど、やっぱり外交もできるのですね。というか、できるかどうかというよりも、あくまでベースは軍人の彼らにとにかく外交も任せる。本多正信などはこの時期には出てこない。官僚的な武士は出てこずに、繊細な外交交渉を、強面の武士がやっていた。それがこの時代の特徴なのかなという気がします。外交官といっても武闘派。徳川家にはそういう感覚があるのかもしれない。そのへんも面白いなと思います。

ただもうひとついうと、第二章で述べたように、徳川四天王とは家康が見出した人材でした。そうである以上、家康は彼らの総合的な能力をかなり信用していた。信用していたからこそ外交も任せたのかもしれませんね。その意味でいうと、家康もまた、戦争というものが政治も経済も含み込んだ、ある意味で総合力の勝負だということがよくよくわかっていた。それも面白いなという気がいたします。

ちなみに井伊直政の子孫である井伊家は大老を出す家になります。幕末に大老をやって殺されてしまった井伊直弼（一八一五－一八六〇）が彼の子孫ですね。しかし本来、この大老はどちらかというと名誉職で、実際に政治をやるのは老中でした。「安政の大獄」（一八五八－一八五九）など、がんがん陣頭に立って政治を行った井伊直弼だけ例外なのです。彼以前にも井伊家は代々大老を出していますが、そんなに政治的に動いたということはありません。

面白いことに他の四天王の酒井忠次、本多忠勝、榊原康政、この人たちも政治向きのことにはタッチしていないのです。

本多家は忠勝の息子の忠政（一五七五－一六三一）の代になって姫路の城主になり、その子の忠刻《ただとき》（一五九六－一六二六）はイケメンだったらしく、徳川秀忠の長女、千姫の再婚相手になる。千姫が本多家に嫁に入るときは、化粧料として十万石持っていきます。だからこのときの本多は二十五万石くらいまで大きくなります。しかも姫路城は、百万石を持っていたときの池田家が造った城。百万石の格式がありました。ですがこの家が一番輝いたのはこの時期だけ。もし忠刻がしっかりと長生きしていて千姫と添い遂げていけば、相当有力な家になるはずだったのですが、運命がそうはさせなかった。忠刻は早死にし、千姫は実家に帰ってしまうので、石高も減ってしまいます。その後も後継ぎ問題がうまくいかなくて、最終的には領地は岡崎五万石にまで減ってしまいました。この家からは老中は出ていません。

榊原も館林十万石ですが、老中にはならない。では、もしかすると「徳川四天王」といっても、実体はナシ。特に偉いわけではなかったのでしょうか？

徳川の上級武将は政治になどタッチしない

「四天王」という言葉がどこで出てきたか。新井白石（一六五七－一七二五）が諸藩の歴史を書いた『藩翰譜《はんかんふ》』あたりが一番古いのではないかと思われるのですが、そこでは「四天王」といういいかたはされていない。しかし譜代大名の家の分類を行っていて、「武勲の家」として一番上席に酒井、井伊、榊原、本多の四つの家を置いています。やはり彼らは上位にいた。

その次に「執事の家」というのがくるのですが、これが政治むきの家ということになります。つまり幕府の価値観としては「武勲の家」のほうが上。政治向きの家は下だったということになる。四天王ともなると、いってみれば政治なんて格下の仕事はやらないのですね。

酒井の場合、これは酒井忠次の時代から酒井左衛門尉《さえもんのじょう》家と、もうひとつ酒井雅楽頭《うたのかみ》家というふたつの系統がありました。忠次は酒井左衛門尉家。こちらはおそらく家康に憎まれていたと思いますが、彼が死んだとたんに領地を増やしてもらって、庄内で十四万石。譜代大名で十万石以上もらう家は当時は非常に少ないですから相当、有力な家ということになる。しかしやはり老中は出していません。いっぽう酒井雅楽頭家のほうは「武勲の家」ではなくて「執事の家」。政治向きの家です。こちらからは老中がバンバン出ています。

ということになると、基本的に譜代大名で一番大切な仕事はなにかというと、幕府の政治に参加することではなかった。そうではなく自分の領地をしっかり守ることが大事だったらしい。十万石以上という大きな領地をしっかりと守って、領地を治めて、いざ戦いが起きたらその領地を守って城を枕に討ち死にする。これが一番大切な役目で、政治を司る仕事は格下なのだなという感じがします。

私たちにしてみれば老中として幕府の政治を動かすほうが大事で格上の役目ではないかと感じますが、どうも江戸幕府の、特に初期のころの価値観ではそれは当たらないようです。あくまで武勲を立てた家のほうが上。そしていざとなったら城を枕にしっかり討ち死にすることのほうが上。幕府運営の政治的な部分にタッチするのは下という感覚があるわけです。そうした価値観が、本多忠勝や井伊直政のような強面の人が外交役を務めたことに反映されていたのだろうと思います。

サラリーに見る時代の価値観

武勲が上。政治は下。そうした考え方を裏づけるのが、先述した本多正信、松平正綱の扱いです。彼らはいわゆる「家の老臣《おとな》」として、政治向きの役割を果たしてきたのですが、石高は大してもらっていない。先にも述べたように一万石や二万石だったりするくらいです。ということになると、「政治は下」という家康の時代の価値観が、サラリーにもばっちり反映されていたことになりますね。

このサラリーの低さを補塡するつもりというわけではないでしょうが、家康は愛妾を賜るなどという妙なこともしています。本多正信の子の正純（一五六五－一六三七）には青木家出身のお梅の方（一五八六－一六四七）を。松平正綱には太田家出身というお梶の方（一五七八－一六四二）を。お梅の方は正純の正室となって仲良く暮らしていたようですが、のちに正純が失脚するとふたりは離ればなれになり、伊勢でさびしく生涯を閉じました。

お梶の方は正綱にあきたらず、家康の下に帰ってきます。二万石の正室では物足りなかったのでしょうか。近年の研究では、彼女のような人を女性官僚として高く評価する向きがあります。その彼女の聡明さを語る「塩」の話がある。

あるときに家康は近臣たちと「一番うまいモノは何だ」という話でもりあがっていた。試みに側にいたお梶の方にも聞いてみると、塩だ、という。料理や具材でなく塩。なぜかと家康が聞くと、料理をおいしくするのは塩だから、という答え。同時にまずくするのも塩。だから一番おいしいモノは塩、まずいモノも塩である。みんなは彼女の賢さに感心した。そういう話です。

出典は『故老諸談』という本で、史実かどうかは疑わしい。ですが、女性官僚のイメージがこんな「とんちの一休さん」みたいな水準で止まっているのなら、仕置《しおき》なんて、そりゃ武闘派でもできるよな、という話ではありますね。

それから、行政でいうと、伊奈家の名を挙げておかねばなりません。伊奈忠次（一五五〇－一六一〇）は利根川の流れを大きく変え、江戸湾に注ぎ込んでいたこの川を鹿島灘に移すという大工事を始めました。子の忠治（一五九二－一六五三）の代に完成したこの事業の結果、現在の東京周辺の土地は水害から脱却、大都市が完成する準備が整ったのです。

忠次は他の治政においても活躍し、「神様、仏様、伊奈様」とうたわれました。埼玉県にあり茨城県にもかつてあった「伊奈町」は、忠次と忠治の功績に由来します。関東のうち百万石を治めたという伊奈家。ところがそのサラリーは、なんと一万三千石。あり得ないですね。

伊奈忠次と同様に関東領の支配にあたっていたのが、彦坂元正（？―一六三四）、長谷川長綱（一五四三―一六〇四）、それに山田風太郎の忍者モノで有名な大久保長安（一五四五―一六一三）です。彼らは等しく関東代官頭という役職についており、徳川家の関東支配に多大な貢献をしました。でも薄給。大名になれないどころか、家がすぐに途絶えています。天下の総代官と称された大久保長安は、彼が病死すると不正蓄財が言い立てられ、子どもたち七人が切腹させられました。ちなみに伊奈家は三河譜代ですが、彦坂と長谷川は今川旧臣、大久保は武田旧臣です。彦坂、長谷川、大久保への当たりの酷さは、出身にも関係するのでしょうか。

成瀬正成（一五六七―一六二五）、安藤直次（一五五四―一六三五）のふたりも見ていきましょう。家康は一六〇三（慶長八）年に将軍宣下を受けて、その後江戸に戻って江戸幕府の将軍になるわけですけれど、まもなく江戸を去ることになります。どうも家康は江戸という土地が好きではなかったと思われるのですが、江戸城と将軍職を秀忠に譲り渡して、駿府に行く。駿府に行って富士山を眺めて暮らすわけですが、そのときに家康の側近としてのちの老中のような働きをしていたのがこのふたり、成瀬正成と安藤直次です。彼らは政治向きの仕事が得意であるということを家康に認められて、下から叩き上げてきたのですが、尾張徳川が名古屋で立藩すると、成瀬正成はそれを補佐する家老として犬山城に送られます。

現存天守、昔のままの天守閣を持った城が現在、十二個残っています。その中でも最後の最後まで個人所有だった城がこの犬山城。ちなみに今ではさすがに個人では持ちきれなくて寄付されたようですが、その元の城主だったのがこの成瀬さんということになります。成瀬正成は尾張徳川に仕え、犬山城で三万石もらった。もうひとりの安藤直次も、徳川紀州藩が立藩されると「紀州を補佐しろ」ということで家老になる。田辺城というところに置かれて、こちらも三万石をもらいます。

政治の地位が低い徳川家

彼らのようなありかたは、いわゆる「付家老《つけがろう》」と呼ばれます。独立の大名でもあるのと同時に、尾張徳川や紀州徳川の家臣でもある。そうした形になるのですね。しかしこれは私たちの感覚でいうと、どう考えても格下げじゃないですか。だって徳川本家で老中に匹敵するような地位にいた人たちですよね。それが尾張や紀州の付家老になるわけですよね。相当な格下げ人事だろうと思うのですが、当時は別に左遷などとは見られていないし、当人たちもそう思っていない。つまり老中の仕事の格というものは、もともとそんなものだったのですね。

政治の価値が高い現代であれば、これはとんでもない左遷だと感じられることでしょう。菅原道真は大宰府のトップとして九州に送られて、それを恨んで京都に雷を落とした。それを思うと、このふたりなんてとんでもない待遇で、雷を落としても当然だと思うのですが、誰もそんなことはしないし、まわりの人も気の毒だと見ていない。つまりもともと、政治の地位は、そんなもの。高くはなかったということなのでしょう。

考えてみれば特にこの時期の幕府の政治、すなわち仕置は、「有能な人材をもってあたらないとこなせない」ような、そんなに難しいものではなかったと思います。その意味で、政治向き人材が低めに扱われるのもおかしいことではない。もっとも家康以降、戦のない時代になると、政治というものの価値がどんどん上がっていくことになる。そのように見ておくのがいいと思います。

通貨の導入、米による納税

　政治経済において家康が行った大きな政策は、通貨の導入でした。秀吉の時代にすでに慶長大判という大判はできていましたが、これはあくまでお宝。一般社会に流通はしていませんでした。

　いっぽう家康は関東の大名だった当時から大判・小判をつくっていた。そして天下人になると、さらに全国に流通しうる通貨をつくった。後藤という金貨を造る家があったのですが、その本流ではなくて傍流を召し抱えて、日本橋あたりにあった金座と銀座（地名）にあった銀座で、金貨銀貨を造らせていました。

　大判はめったに使われませんでしたが、小判のほうはしっかり使われている。今でいえば一枚一両で十万円くらいの価値です。「十両盗めば首が飛ぶ」といわれたりしました。また、「間男七両二分」といって、間男するとだいたい七両二分で示談になる。それである間男などは事前に七十五万円を払ってから密通をしたという笑い話がありますけど、そうした話になるほど、生活に根づいていたわけです。

　問題は、それでも関西方面は銀が流通していて、なかなか統一されなかったところ。江戸期を通じて経済的には上方の優位が続きます。そしてその上方ではずっと昔から銀が使われてきました。そうした事情があるので、家康の大判小判はまだまだ国内で統一の通貨とはいえなかった。

これは今では否定されている考えですが、幕末に外国勢力がやって来たときに、金と銀の交換の比率、レートが違うところに目をつけられて、だいぶ日本の金銀が海外に流出したという話がありました。しかし現代では「さすがに当時の人もそこまでバカじゃないだろう」ということで、その見かたは否定されています。しかしそのように金と銀との交換比率の違いという話が出てくるのは、背景として「関東圏と上方圏では経済がだいぶ違っていた」という状況がありました。

渋沢栄一（一八四〇－一九三一）が第一銀行をつくったときに、bankという言葉を翻訳して「銀行」と名づけた。もし関東の経済が本当の意味で上位にあれば全国で金が流通し、国内の通貨がきちんと統一されていたことでしょう。そうするとbankの訳語も銀行ではなくて金行になっていたはずです。しかし実際は、経済といえば上方が優位。まだまだ国内に通貨の統一感はなかったということになります。

家康が考えていた税の統一

それに併せて問題なのは、秀吉の時代まではなんだかんだいってまだ銭というものが非常に有力でした。貫高という銭による納税が行われていた。といいますか、そちらが主力でした。ところが家康の時代になると、石高として米で税を払うことにした。経済的な原理としては、米で税を払うのと銭で税を払うのとでは、どう考えても米は後退になりますね。

なぜこうした後退が起きたのかについて、近世史の江戸時代の経済に強い研究者はどのように答えているのでしょうか。私自身は「税の統一」ということが家康の念頭にあったのだろうと考えています。上方ならば税金をすべて銭で払うこともできたでしょう。しかし地方、特に経済が遅れていた東北地方はいまだ銭で税を払うことができなかった。では「地方の税金は米。上方は銭でよい」ということにすると、日本の国というひとつのまとまりの形が薄れてしまう。家康にしてみると「日本というひとつの国の中では、税はどこも同じ。そういう統一感を大事にしたい」という発想があったのだと思います。そうして「税の統一」ということをきちんと考えたときに「ではみんなが払える税はなにか？」というと、米だった。

実際のところ、東北地方では米で税を払うのは厳しかった。冷害など起きると米が穫れなくなる。しかし「ではなんでもいいから税を払え」というわけにもいかないので、江戸時代を通じて不作のたびに餓死者が出るのはどうしても東北ということになってしまいました。しかし東北が厳しい環境におかれることになっても、全国で「税金は米」と定めた。

それは統一国家としてのまとまりを考えていたためだろうと思います。

だから税率も、藩によって多少のばらつきはありますが、極端に違うということはなかった。あまり極端なことをすると、結局は島原で起こった反乱や、百姓一揆につながるわけです。そうしたことが起こると、江戸幕府によって大名自身も罰せられます。だから大名たちも、隣近所を見て、だいたいこれくらいがいいのかなと「相場」を判断して、それで税率を定める。そうした形で支配をすることが江戸時代はふつうだったわけです。

家康が税を統一するその前段階として、秀吉の時代に升が統一されています。それまで升はバラバラ。「何升、税を払いなさい」といっても升の大きさが違っていれば全然話にならない。だから税を統一するためにはまず升の統一、度量衡の統一が必要となるのですが、それはすでに秀吉のときに行われていました。家康は、その流れに乗っかって「今度は米で税を払いましょう」と推し進めた。こうした家康の政策によって、国内平均みたいなものが考えられるようになったわけで、その意味で「家康の登場によって、日本という国がひとつにまとまる動きが促進された」といっていいと思います。

関東を本拠とする

しかし家康はなぜ江戸に幕府を置いたのか。これが私にはわからない。家康、秀忠はまず江戸で国内の平定を進めて、東国が徳川政権の下で安定したら上方に帰るつもりだった、という説を立てておられる研究者もいます。しかし結局、家光の代になって「江戸が本拠のままでいいや」ということになり、そこで江戸城と江戸の町の大々的な建設が始まった。そういうことになるのですが、そこまでいってしまうのはどうかなという気もします。

どうも関西出身の研究者には、関西にこだわる傾向が見られる気がします。機会があれば何ごとにせよ、関西、関西といいたいのかもしれません。

ふつうに見てみると、家康は、どうも江戸は嫌いだったようです。本当に江戸が好きだったのなら、一六〇五年に将軍職を秀忠に譲った後も、そのまま江戸にいたのではないでしょうか。実際に二代将軍の秀忠はそうしているわけです。本丸を息子の家光に譲り、自分は西の丸に移った。江戸城は広いですから、それでいいわけですね。

しかし家康は江戸を出て駿府に去ってしまう。「地政学的に駿府にいたほうがいろいろ動ける」とか「大坂に対しての重しになる」など、そうした取ってつけたような説明がされるのですが、本当のところはシンプルに、家康は駿府に帰りたかったんだろうなという気がするのです。

家康にとってみると駿府は故郷という感じがあるのでしょう。駿府は水が綺麗だし、水が綺麗だから鰻が美味いし、富士山が見える。江戸と比べると気候も温暖です。しかも江戸の町はまだ湿原地帯で、歩くと足に泥がついてしまうような土地。そうした江戸よりも駿府のほうが好きだった。

では、そうするとわざわざ本拠地を江戸に置いた理由はなんだろう。同じく関東の鎌倉を本拠地にした頼朝の場合は「京都から物理的に離れる必要がある」という絶対条件がありました。京都のまわりに本拠地を置くと未熟な武家政権は潰されたり、取り込まれてしまう可能性が現実としてあった。だから物理的な距離を置いて鎌倉で政権をつくった。この事情はよくわかるのです。

伏見幕府誕生の可能性

しかし家康はなぜ江戸なのか。関ヶ原が終わったあと家康は伏見城に入って、そこに拠点を置いていました。伏見城は、関ヶ原の前夜に落城しています。そこで人がいっぱい死んだわけで、お化けもたくさん出たことでしょう。よくまあ家康はそんな城にいたなと思いますが、自分自身で伏見に行ってみるとよくわかりました。伏見城は京都の郊外にあって、実質的に京都城なのです。

京都というと二条城が有名ですが、これも実物を見ればすぐにわかることですが、あんなものは本気で攻めたらすぐ落ちます。堀も浅いし、石垣もそんなに高くない。要するにあれは要塞ではなく住居なのですね。

どうも京都は昔から守るのに本当に適さない場所だったらしくて、三好長慶（一五二二―一五六四）からみんな歴代、近畿を握った戦国大名は京都に城を構えない。織田信長もやっぱり京都には城を構えずに、安土城を築く。秀吉も大坂に城を造ります。彼は京都にも拠点を置きますが、それは聚楽第《じゅらくだい》。あくまで屋敷ですね。その秀吉が伏見に目をつけて伏見城を造るのですが、秀吉にしてみれば伏見城が実質的に京都城のつもりだったのでしょう。

これはけっこうみんな勘違いしているようなのですが、秀吉は大坂で死んだと思われがち。実は晩年を過ごしていたのは伏見城。「浪華《なにわ》のことも夢のまた夢」という辞世の歌を残していますが、亡くなったのも伏見城です。家康はその伏見城を受け継ぎ、将軍宣下もここで受けています。だから伏見に幕府を開いても全然不思議はない。伏見幕府でもおかしくなかったのですが、それでも彼は江戸にやって来ました。

家康の東日本開発構想

私の仮説としては、さっきの銭と米の話でふれたように、家康は日本の統一、全国の統一感を重視していました。そのため、上方に対して文化的にも経済的にも非常に遅れていた関東・東北に喝を入れるために江戸に来たのではないかと考えています。江戸に本拠地を置くことで律令国家の昔から発展途上だった東北、それに準じる関東の、実力の底上げを図った。そうして日本列島を豊かにしようという考えがあったのかなと思います。現代風の言葉でいうと、内需拡大ということを家康は考えていた。

秀吉の場合は内需を拡大することよりも、海外との交易に傾いていました。それに比べると家康は視点を国内に切り替えて、だから江戸へとやって来た。実際に江戸時代を通じて、陸奥国の石高は倍になっています。もっとすごいのが日本海側の出羽国。今の秋田県・山形県にあたりますが、江戸時代の初めには三十五万石でしたが、幕末に至ると五倍の石高になっている。それだけ開発が進み、発展したのです。

江戸時代の東北地方というと、どうしても飢饉や餓死のイメージが先行して貧しい地域という見かたになりますが、家康が江戸に本拠を置いたことで、非常に発展を遂げた地域でもありました。

でもこれから百年後の人たちから見ると、「いやあ、平成のころの東北はつらいよね。福島に原発つくっておいて、できた電気はみんな東京に持っていく。あの搾取状況は本当にひどいよね」とまだまだ批判されるかもしれませんね。実際問題、そうした状況がある。この国の歴史を考えると、そうした批判も無理はないことだと思います。

第五章

家康の外交——秀吉の尻ぬぐい？

なぜ秀吉は家康を生かしておいたのか？

豊臣秀吉と、どうつきあっていくか？　家康にとってこのことは重大な「外交課題」だったことでしょう。

たとえば源頼朝も、彼の最優先の役割といえば朝廷との折衝でした。頼朝はもともと軍人というより政治家のイメージが強い人ですが、実際に朝廷との外交が彼の政治の核心であり、それを果たすことが彼自身の存在意義でもありました。

家康の場合も、豊臣家との外交は最大の課題だったはずです。そして豊臣家にとってもまた、家康の処遇は大きなテーマだったことでしょう。

そこで出てくる疑問が秀吉の判断。つまりなぜ秀吉は、家康を滅ぼしておかなかったのでしょうか？　彼ほど優秀な人であれば、「俺がここで死んだら、息子の秀頼は家康に滅ぼされるだろう」という予測は見えていたはずです。それが見えないほど耄碌《もうろく》していたとは思えない。であれば、なぜ家康を殺しておかなかったのでしょうか。

ここですぐに出てくる話が「DNA的にいうと秀頼は秀吉の子ではなかった。秀吉はそれをよく知っていた」という説。だから秀吉は「淀がどこかの男とつくった子どもなど殺されてもいい」と考えていた。しかし、そうしたことをいってしまうと、もはや歴史ではなく物語の範疇《はんちゅう》に足を踏み入れることになりますから、その話は措いておきましょう。

自分が死ぬと、家康は秀頼を殺すだろう。晩年になるにつれ秀吉はそのリスクを現実のものとして考えはじめたはずです。では家康の命を奪ってしまうべきか。秀吉は六十二歳まで生きています。当時としては決して短命だったわけではない。そのときの家康は五十九、六十歳くらいですが、たとえば家康が五十歳で死んでいたとしても、戦国時代では格別驚くほど早死にではない。そうした運命もじゅうぶんあり得ました。

家康だからこそ海千山千の秀吉とわたり合うことができたわけで、家康のいない徳川家であれば、秀吉の思うままになるほかはなかったでしょう。

しかし秀吉は、どう考えても殺しておくべきだったのに、家康を殺さなかった。不思議です。不思議ですが、歴史というものはときにこうしたことがある。理屈では説明のつかない妙なことが起きるものです。

歴史の不思議——鎌倉の場合

たとえば、鎌倉幕府初期の権力闘争では、比企能員《ひきよしかず》（？－一二〇三）という人が殺されました。比企能員は二代目鎌倉殿である源頼家（一一八二－一二〇四）の後援者で、しかも娘を頼家の妻にしていた。だから頼家時代が続けば続くほど将軍の外戚《がいせき》として重い立場を占めることになる。しかも頼家は青年で体も頑健でしたから、だから彼が権力を握る状況が二十年、三十年と続く事態も、じゅうぶんにあり得ることでした。

そうなるともはや北条の出番はなくなってしまうわけです。しかも比企と北条では、もともと比企のほうが、はるかに勢力は大きい。正面から戦ったとしても比企が勝つ。

ということで北条時政（一一三八－一二一五）は計略を練る。彼にしてみれば、早く頼家を将軍の地位から引きずり下ろしたいわけです。そして北条とのつながりが深い実朝を将軍として立てたい。そのためにはまず頼家を支援する比企を、滅ぼしておく必要があった。そして一二〇三（建仁三）年、みごとに比企能員を殺すことに成功します。しかし、これはまだ鎌倉時代だったこともあるのかもしれませんが、その計略がびっくりするくらい単純なのです。

具体的には「うちで法事をやるから、どうぞいらっしゃってください」と比企能員を招いた。それでのこのこやって来た能員を、北条邸に入るところでふたりの刺客が襲い、殺してしまった。しかもこのときの比企能員は、ほとんどふだん着のラフな服装で、護衛の家来も連れずにやってきて、それで案の定、殺されているのです。

この、「家来も連れずにふだん着で来た」という状況は、客観的な目撃証言があって歴史資料（『小代文書』）から確実にわかっています。

当時の鎌倉幕府の政局を見ると、北条VS比企という二大陣営があり、どう考えてもそれぞれが敵対していた。その「政敵」のところに招かれて、ほいほい出かけて殺されてしまったわけです。「どこまで油断していたんだ」という話で、これはどう考えても変ではないでしょうか。しかし史実として、比企さんは「どうぞ私を殺してください」といった感じで出かけて、まんまと殺されてしまった。歴史にはときどき、こうした「変なこと」が起きるのです。

秀吉が、家康を生かしておいたこともまた、こうした「変なこと」のひとつといえます。理屈の上では、どう考えても秀吉は家康をあの世に送っておいたほうがよかった。しかもそれは、実際にやれたはずなのです。なぜなら秀吉は朝鮮出兵を実行して、二十万からの大軍を動かしています。それをなにか口実をつくって関東に送り込めば、さすがの家康も対抗できなかったことでしょう。

なぜそれをやらなかったのだろう。せめて朝鮮出兵のときに最前線に送って消耗させておけばと思うのですが、それすらもやっていないのです。

家康の、命をかけた名演技

これをどう考えるか？　比企能員の場合でいえば、北条時政はいざ牙をむいて能員を殺すその日まで、ひたすら仮面をかぶっていたのではないでしょうか。

頼朝が生きていた当時からずっと、「いつか必ず殺してやる」という思いを腹に秘めて演技を続けていた。ひたすらペコペコ頭を下げて別の人格を演じ、油断を誘っていた。そうした下地がなければ比企能員も、油断全開で殺されにやって来ることはなかったと思います。ただし、こうした推測は、歴史上の客観的な事実としてはなかなか立証できないことですが。

家康の場合もまた秀吉に対して、従うとなったのちは徹底的に従った。そしてひたすらゴマをすって見せたのかなと思います。

家康はもともと「信長と同盟を結びそれを徹底的に守り抜いた」という経歴を持っている人でした。あの強く恐ろしい武田と戦い、ときに大敗して脱糞するような思いをしても、信長との同盟を守り続けた。脱糞してしまったのはおそらく「三方ヶ原」のときだけではないでしょう。他でもきっとやってしまっていたと思われますが、それほどおっかない思いをしても信長を裏切ることはせず、家康は頑張り続けた。そうした実績があって彼は「律義者」との評判を得ます。

その家康が、一度秀吉に従ったのちは、ひたすら頭を下げてみせた。その様子にあの秀吉でさえも、「もしかしたら、俺の息子を殺さずにきちんと面倒を見てくれるかも」と、思ってしまったのかもしれない。そのほかに秀吉が家康を生かしておく理由はなかったと思います。

もし家康が不満タラタラで、裏では文句ばかり。そして「秀吉、早く死なないかな。息子はちょろいしな」という態度が少しでも見えていたら。そこは秀吉もきちんと家康を殺しておいたことでしょう。だから家康にしてみれば薄氷を踏む思いでずっと、「太閤殿下に従います」という態度をとっていた。

とするとこの時期の家康の「演技」は豊臣との重大な駆け引きであり、まさに秀吉との「外交戦」でした。そして家康は、その戦いにみごとに勝った。秀吉に対して仮面をかぶり続け、殺されなかった。この「生き延びた」という事実こそが、彼の最大の外交的勝利でした。

「律義者」が仮面を脱ぎ捨てるとき

秀吉が亡くなったあと、家康は豹変《ひょうへん》します。律儀者の仮面を脱ぎ捨てて、天下をつかむために邁進《まいしん》していく。

その過程で家康は、かつては同僚であった大名たちに、どのように対処していったのでしょうか。そこで家康が参考にしたのが、秀吉でした。

秀吉はいつのまにか織田家の天下を奪い、政権を握っていた。その方法論は「戦い」です。彼はまず明智光秀を討ち、次に柴田勝家を倒し、というかたちで、戦いに次ぐ戦いを繰り広げた。そしてその戦いに勝ち残ることで、周囲がハッと気がついたときには織田家の天下を奪っていた。この方法論を家康は踏襲する。まず大きな戦いを起こす。周囲をまきこむ、大規模な戦いです。そしてその戦いに勝利することで、自分が新しい天下人であると、日本全国に示す。そうした方法論です。

だからこそ福島正則たちが石田三成を襲撃して殺そうとしたときに、家康は三成の身柄を守ったのです。必要とするのは大きな戦いだから。三成個人の命を奪っても意味はない。しかも石田は近江で十九万石の領地ですから、それを討つといっても規模が小さすぎてまったく話にならない。そこで家康は三成を政治的に失脚させるだけにとどめ、居城の佐和山に逃がします。

前田を救った土下座外交

では、最初にターゲットとなったのは誰か? それは加賀の前田です。「謀反の動きあり」ということで前田が敵とされる。当時の前田は、利家の息子の利長の代になっていました。あまり評価されることのない人ですが、家康に「前田には謀反の動きがある。討つ」といわれると、利長は凄まじい勢いで土下座外交を展開します。

「私は絶対に、徳川様に逆らいません」ということで、自分の腹心・横山長知《ながちか》（一五六八－一六四六）を家康のもとに派遣し弁明する。おそらくこのときにはすでに「家康様に従います。家来になります」とまで伝えたのでしょう。その証拠として利長のお母さん、おまつさんを人質として送っています。マザコンとして知られるほど大事にしていたお母さんを、江戸に送ったのです。

利長はさらにもうひとつ手を打った。「ぜひ徳川の姫を私の後継者の嫁にいただきたい」と申し出て、秀忠の次女の珠姫《たまひめ》（一五九九－一六二二）を前田家に迎えます。ちなみにこの珠姫さんの姉が、豊臣秀頼の嫁になった千姫です。

珠姫が結婚したのは前田利常（一五九四－一六五八）。利長は梅毒にかかって子どもができませんでした。そのため弟の利常を養子にして、後継者に定めていた。この利常は、実はおまつさんが産んだ子ではありません。前田家のために頑張り、しかも十一人も子どもを産んだというのに、「おまつさんは前田の殿様の血にまったく関係していない」という気の毒なことになっています。

それはともかく、まだ二歳か三歳の珠姫は金沢に輿入《こしい》れしました。そのようにして、「徳川とうちは親戚です」といったかたちに持っていき、露骨な擦り寄り外交を行って前田は難を逃れます。かっこうはよくないかもしれませんが、利長のおかげで前田は百万石、江戸時代で一番大きい大名として生き残ることができたといえます。

家康の難癖を受けて立つ上杉

いっぽう現実的な外交政策というものを、まったくできなかったのが上杉です。

家康にしてみると、前田は完全に屈服させて、姻戚関係も結んだ。もはや敵ではないということで、それで次のターゲットとなったのが上杉。今度は「上杉に謀反あり」ということで、まさに矛先が向けられます。

しかし上杉では直江兼続が前面に立ち、「来るなら来い！」という姿勢を見せた。「うちは上杉謙信公以来の武勇の家」どうのこうのと応えるわけですが、それだと一瞬は気持ちいいかもしれませんが、しかし政治家としてはただのバカといわれてもしようがないでしょう。とにかく兼続は、そのようにいきがってみせた。家康にしてみれば「よしっ！」と思ったはずです。「では上杉に攻め込むぞ」ということになる。

このことはあまり指摘されませんが、ここで上杉に本当に謀反の企てがあったかどうかはまったく重要ではないのです。そんな企てなどないことは、大名たちはみなじゅうぶんに知っていた。わかっていたのです。

そしてなにより、家康自身も謀反などないことはわかっていた。ここがポイントで、わかった上で難癖をつけていたのです。最初から無茶苦茶なことをいっているのであって、それで「こんな無茶をいっても俺についてくる奴は誰か、反発する奴は誰か」と観察していた。

そうすると大名たちもバカではありませんから、ここが勝負どころと一生懸命、家康に対して尻尾をふってみせる。上杉に謀反の企てがないことなどわかっています。家康が無茶をいっているとわかっている。しかしそれでも家康についていく。なぜなら「次の天下人は徳川だ。ここで尻尾を振っておいたら俺の家にはいいことがある」と予測しているからです。そうした連中が多数を占めていた。だからこそ家康が「上杉を討つ」と号令をかけると、「はい、わかりました」と大名たちが直ちに集まったわけです。家康は、そうした大名たちを率いて会津に向かった。

そこで石田三成が立ち上がる。それを聞いた家康は今の栃木県の小山《おやま》で会議を開いた。いわゆる「小山評定」です。

家康は「石田三成が立ち上がったらしいが、おまえたちはどうする？　これから大坂に帰って三成と行動をともにしても自分は一切咎めない」ということをいった。しかし福島正則をはじめ諸将たちは「自分は家康殿についていきます。石田三成を討ちましょう」と応える。「そうだ、そうだ」と賛成の声があがり、脱落者はひとりも出なかった。しかし、そうなることは当然なのです。ここで迷うような大名ならば、最初から連れていってもらっていないのです。

なんの罪もないとわかっている上杉を討つ。そこにいる大名たちは、最初からそんな家康の無茶振りに従ってきた連中ですから、家康がなにをいってもついてくる。おそらくこの段階で「家康殿」ではなく、「家康様」になったのでしょう。この「小山評定」の場で東軍が結成され、「関ヶ原の戦い」へと事態は進む。そして家康はみごとに勝利します。

一六〇三年には征夷大将軍に宣下され「はい、ここで江戸幕府がはじまりました」と小学校で習うことになりますが、しかし私はそれは違うだろうと思うのです。

徳川幕府成立年に異論あり

なぜなら、すでに鎌倉幕府についても、源頼朝が征夷大将軍に宣下された一一九二年開始説はやめようということになっている。現在では一一八五年説が展開されています。

室町幕府についても、尊氏が将軍に任命された一三三八年ではなく、二年前倒しの一三三六年からはじまったとされるようになった。これは建武式目という、いわば幕府の憲法が制定された年なのですが、そこから室町幕府が実質的にはじまったと見ているわけです。

鎌倉時代、室町時代はまだ朝廷に存在感があった。しかし江戸時代となると比較にならないほどその実力は低下していたはずです。もはや荘園制などどこにも残っていない。だからそもそも朝廷を支える経済基盤がなくなっていたわけです。

そうすると、朝廷の価値がまだ高かった鎌倉、室町でさえ「征夷大将軍に任命された年が、幕府創設の年である」という考え方が退けられているのに、「逆に江戸時代だけなぜ将軍宣下の年なんだ？　近世の研究者はいったいなにを考えているのか？」という話になるわけです。

では徳川幕府は、いつできたのか？　家康は関ヶ原のあと諸大名に対して、味方には領地を与えたり、敵からは没収したりと、領地の割り振りを行いました。

将軍権力を構成する要素はふたつ。主従制的な支配権と統治的な支配権である。主従制的支配権とは軍事、統治的支配権というのは政治。つまり軍事と政治をやる人が将軍である。このことは佐藤進一先生以来ずっと定説になっています。ごく当たり前のことに見えますが、常に立ち返ってみるべき、大事な前提です。

その軍事において、なぜ主人は従者に「戦場に出て俺のために戦え」と命令することができるのかというと、それは「見返りとして領地をくれるから」。つまり領地の配分こそが、主従制的支配権の発露となるのです。

家康は関ヶ原が終わったところで、秀吉が大名たちに与えた領地の関係性を一度チャラにする。そしてあらためて「おまえはここ。おまえはこちら。おまえは敵に回ったから没収ね」と、領地を配分し直した。まさにこのときに関係性の変化が起き、徳川と諸大名は、主従の関係を結んだ。だからこのときこそ、彼の政権が成立した瞬間であると見ていいでしょう。

領地を削っても家は滅ぼさない家康

ただそうすると「どうして家康は関ヶ原のあとにすぐに秀頼を殺さなかったのか？」という疑問が出てくることになります。

秀頼だけではない。西軍についた有力大名の島津や毛利も、家康は滅ぼさなかった。私はここに、家康という人の基本姿勢が現れていると感じています。島津について家康は、その領地を取り上げることはじゅうぶんにできた。もちろん島津家のほうでも「勘弁してください。許してください」と頭を下げてくるわけですが、そこでどんな言い訳をしようが、家康は勝者。彼が滅ぼそうと思えば滅ぼすことができたはずです。にもかかわらず、家康は島津に対して領地を削ることさえしなかった。

島津を滅ぼして土地を奪うとなると当然、国をあげて抵抗することでしょう。しかし島津の領地は、いってみれば日本列島の端。そんなところでまた戦争をやるとなると、どんな不測の事態が起こるかわかりません。

ロシアのウクライナ侵攻でも、数日のうちに首都は落とされるという予測が外れて、実際には長期化しています。戦争は、いざやるとなにが起こるかわからないものなのです。もしそこで徳川将軍家の威信が失墜するような事態が起こり、「徳川頼むに足らず」といった動揺が広がることになるとまずい。家康はそうした地政学的リスクを踏まえて「島津はそのままでいい」と判断したのでしょう。

またこの一連の戦いの戦犯といえば、上杉だったはずです。だから本来は、上杉は取り潰されてしまうはず。しかし、領国は四分の一に削られて、会津百二十石が米沢三十万石になってしまいますが、上杉も存続を許されます。

この「領地は大幅に減らすが、家は残す」というやり方は、足利義満（一三五八－一四〇八）も行っています。義満は美濃の土岐、それから山陰の山名、大内といった守護大名を討伐しました。その戦いでは山名と大内の当主が討ち取られて戦死しているのですが、義満は家までは潰さなかった。

そこまで徹底的にやると、相手も必死になって抵抗するでしょう。また「今度は俺の番だ」と他の大名にも動揺が広がって、やはりまずい。だから義満は、当主は討ち取って領地は減らしても、家は存続させています。

それと同じことを家康は、上杉に対してやった。毛利に対しても同様です。あくまで名目上だったとしても、毛利は西軍の総大将です。潰されたとしても、なんの不思議もない。しかし「そこまでやると、どんな抵抗があるかわからない」ということで、領地を削るだけにとどめたのだろうと思います。

そして、そうした慎重さが基本姿勢の家康だからこそ、秀頼の処遇も時間をかけることにしたのでしょう。すぐに殺してしまうと、大名たちの間で動揺が広がるかもしれず、想定外の反応が返ってくるリスクがある。まだ生かしておこう。そのように判断したのだと思います。

ちなみに領地を削られた側はどう思っていたか。それを示すエピソードがあります。エピソードといっても私の体験談ですが。

毛利家は大江広元（一一四八－一二二五）の子孫で歴史を大切にしている。そのため大量にあった毛利家の古文書を江戸時代にきれいに整理し、巻物仕立てにして保管しています。私はその文書を防府の毛利邸で調査しました。そのときに、あれ？と気づいた。毛利輝元に長門と周防二カ国を与える（逆にいうと、他国は没収する）という家康から輝元への文書が見当たらない。そこで文書を保管している方に聞いてみると、その文書は一点だけ別に軸装して大事にしているのだ、との答え。つまり毛利側は、領地をごっそり削りやがって、ではないんですね。三分の一になったけど、領地をもらえてありがたい。そうした気持ちが表向きだけでもあるからこそ、「長門・周防を毛利に与える」という家康の文書が特に大切にされたのでしょう。家康のやり方は、まちがっていなかったのです。

天下人はふたりいた？

ちなみにこのとき、家康が秀頼を生かしておいたために、「関ヶ原ののちは、豊臣と徳川のふたりの天下人がいた」という説を唱える人がいます。しかしこの説はなかなか成立しがたい。

将軍権力と呼ぶにしろ、天下人と呼ぶにしろ、武士の主人とは土地を与えてくれる人。その意味でいうと、豊臣秀頼はもはや人に与える領地を持っていなかった。だから主人としてふるまうことが、原理的にできないのです。権力はない。しかし権威はあるので挨拶に行く大名はいる。しかしそれは家来としての義務ではない。

関ヶ原が東軍の勝利に終わったのち、家康は軍勢を率いて大坂城を接収しました。そこでもはや豊臣秀頼を生かすも殺すも家康次第。生殺与奪の権限を握ったわけです。「このときをもって秀頼から家康に天下が移り、天下人は家康ひとりとなった」と見るのが一番説得力がある。私はそのように考えています。

一六一一年に家康は秀頼と会見します。「二条城の会見」と呼ばれますが、私はこの会見についても、あまり重く見る必要はないと思っています。「このとき上座が家康で秀頼が下座に座って、位置関係が……」などといろいろ細かいことがいわれますが、現実としてもはや秀頼にはなんの力もない。そんなことは当時の大名はみなわかっていた。もうどうしようもないとみんながよくわかっていました。

安全保障から見た江戸日本のデザイン

自分の政権を成立させた家康は、その本拠地を先進地域である西ではなく、関東に置きました。その理由を、東北地方の開発のためだったのではないかと先述しましたが、これを安全保障の面からも考えることができます。

江戸に本拠を置いた理由は、それが安心だから。徳川家にとって関東は安心できる土地だった。

やはり領地としての統治実績がある土地は、まさにホームグラウンド。安心できます。その意味で家康にとってホームはまず東海地方。自分が生まれた三河と、長く過ごした浜松、駿府がまず挙げられます。そして豊臣政権下で領地とした関東。だから家康は、関東と中部地方には外様大名をほとんど置かないように日本列島をデザインしています。その例外が金沢の前田家ですが、前田は珠姫を嫁に迎えて、徳川と姻戚関係を結んでいた。

このデザインにおける仮想敵は西。西国には外様大名が多数、配置されています。関ヶ原で味方になった大名には、ある程度、領地を増やしてあげる必要がある。また敵に回った大名でも、当時の状況からしてすべて潰してしまうわけにはいかない。そうした外様大名が、西国に置かれています。

だからもし仮に徳川に対して挑戦状を叩きつけてくる大名がいたとしたら、それは西から来るだろう。西から来て、天皇や豊臣家を取り込むなりして攻めてくることだろう。その「西から来る敵」への備えとして家康は、彦根に井伊、伊勢の津に藤堂。藤堂高虎の藤堂家を配置しています。同じ伊勢の桑名には本多もいました。東日本と西日本をふたつに分けるとすると彦根、桑名、伊勢の津のラインで分けるのが一番シンプルですが、家康はこのラインに信頼できる大名を置いた。

そしていざ戦いとなった場合、先陣を務めるのは井伊で、その次が藤堂。この序列については「譜代大名の先陣が井伊であり、外様の先陣が藤堂だった」という見かたもあります。いずれにせよこのふたつの家が一番手、二番手として敵を迎え撃つ。背後の名古屋には徳川御三家のひとつ、尾張徳川家がいますから、ここが背後から防御線をサポートする。そうして敵を食い止めている間に徳川本隊の兵が駆けつける。そうした「防衛構想」にもとづいて、国のかたちがデザインされていた。

伊勢の津に藤堂が入るのは一六〇八年。それまで藤堂は四国の伊予にいたのですが、このときに移ってきます。だいたいこの時期にこうした配置換えを行って、徳川幕府を守る防衛体制がひとまずできあがった。

そして家康はじっくりと西国の様子を観察する。そして京都、大坂を観察する。そこで重大な計算要素となってくるのは家康の、彼自身の健康状態です。自分の身体も見すえて、もし死期が近づく様子があればすぐに動く心構えをしながら、西国の様子を観察していた。「石橋を叩いて渡る」。そんな慎重な人物、徳川家康の真骨頂が、ここに出ている。そう感じます。

武田信玄の場合も、おそらく自分の最期が近いことを悟って、西上作戦を実行した。私にはまだそのあたりのことはわかりませんが、人は自分の体調から「俺の寿命も、もうあと一、二年くらいかな」とわかるものなのでしょうか。もちろん脳溢血や心臓発作で突然に最期を迎えることもあり得ますから、そのリスクをどのように考えていたかは、正直なところよくわからない。しかし家康は、自分の寿命を見すえつつ「さて豊臣をどうするか」と考えていたのだと思います。

豊臣秀頼が生き延びる可能性

その状況を見ていくと「家康は絶対に豊臣は滅ぼすと決めていた」という見立ては、違うのかもしれない。最近はそう考えるようになりました。

たとえば織田家は、四つの大名家に分割されてそれぞれ二万石の家となり、存続しています。秀吉は織田家を滅ぼすことはしなかった。家康もまた潰すなどと考えず、存続させた。豊臣家もまた、存続する道があったのかもしれない。

ただそのためには「豊臣は徳川に従う。逆らわない」という姿勢を完璧に見せること。これが絶対条件でした。たとえば淀殿（一五六七－一六一五）を人質に出す。先にふれたように加賀の前田も当主利長の母親、おまつさんを江戸に送っています。秀頼も淀殿を人質として江戸に送る。これはマストです。

そして領地の削減を申し出る。当時の豊臣家は六十五万石ほどの領地を持っていたようです。それは、天下を狙うには小さいですが、大名としては大きい。だから「ちょっと大きすぎる、五万石でけっこうです」と申し出る。場所も大坂ではまずい。たとえば川越あたりで五万石ほどもらうのではどうでしょうか。川越であれば江戸の近く。常に監視されることになります。あるいは小田原あたりでもいい。とにかく江戸の近くで、妙な動きはできないところがいい。

秀頼はすでに完全に、大名に対する所領の配分権を失っていました。だから権力は持っておらず、ただ権威でしかない。つまり天皇と同じような存在です。ということになると、たとえば関白職を世襲して、京都で貴族になるという道もあったかもしれない。そうすることで存続を許される可能性は「あり得た」と私は思います。

なんといっても秀頼の妻は、秀忠の長女の千姫。徳川とは姻戚関係にあるわけです。「親戚みたいなものですから、なんとか命は助けてもらえませんか」とひたすら頼むことができたとしたら、もしかしたら家康も、秀頼の命だけは助けたかもしれません。無理でしょうか。本当のところはどうか、これはわかりませんね。

しかしもはや、大坂の豊臣家には、どう見ても勝ち目のない状況なわけです。そのまま動かずにいると確実に殺される運命です。よく「先に家康が死んだ場合、天下がどう転ぶかわからなかった」という人がいますが、江戸幕府にはすでに秀忠という後継者がいて、もはやそのシステムがしっかりと作動している。家康が死んでも徳川の覇権は揺らぐことはなく、六十五万石の領地しか持たない秀頼が、天下人に返り咲く目などはどう見てもなかった。

であれば、土下座外交でもなんでも打つ手は打って、やれることをやるべきだったのではないでしょうか。私などはそう思いますし、誰でも同じことを考えると思います。しかし豊臣には人がいなかったのでしょうね。そうしたことを提言する人もいなくなっていた。

戦場に出ることなく滅んだ秀頼

土下座が嫌だということであれば、いっそ打って出ることもできた。特に「関ヶ原の戦い」です。もしあのときに秀頼が出馬していたら、さすがに豊臣の旗印に向かって弓をひくことはできない大名が出たでしょう。そうすると勝敗は逆転して、豊臣の運命も変わっていたかもしれない。でもそれができなかった。

もっとも関ヶ原の時点では、秀頼はまだ子ども。出馬しなかったこともしようがないかもしれない。しかし少なくとも「大坂の陣」の段階では、秀頼は戦場に出るべきだったのではないでしょうか。どうせ滅びるのであれば、どんなことでもやったほうがいいはず。そのままでなにもせず戦いに負けてしまうと、待っているのは百パーセントの滅亡。であればたとえ一パーセントの可能性であっても、なにか試みたほうがお得です。

ただ毒親というか、淀殿は秀頼が戦場に出ることを異様に恐れたのですね。それは愚かなことだと思います。たとえダメ元であっても、秀頼が戦場に立つことで、「なにか」が起きる可能性が出てくるわけですから。秀頼も武士の家に生まれた身。最後くらいは戦場に送り出してもよかったのではないでしょうか。

しかし淀殿は、それができなかった。なぜか。私にはひとつアイディアがあって、もしかすると淀殿は、人の目に秀頼をさらすことが、絶対にできなかったのかもしれません。つまりもし誰かに見られると、たとえば大野治長（一五六九－一六一五）であるとか、石田三成であるとかとあまりにも似ていて、「そっくりではないか。やっぱり秀頼様は太閤殿下のお子じゃなかった！」とバレてしまうから、一生懸命隠していた。

これで秀頼の不思議な行動はきちんと説明できる。だから非常に優れた説だと思うのですが、ただ一六一一年に秀頼は大坂を出て、二条城で家康と会見しているのですね。このことを考えると、残念ながらこの説は成り立ちませんね。

どう考えても、なにかしらのアクションを起こすべきだったのに、なにもせずそのまま滅ぼされてしまった。この秀頼の運命もまた、比企能員がむざむざと殺されたことや、秀吉が家康を殺さなかったことと同じで、歴史の中でときに見られる「変なこと」のひとつなのでしょう。

「方広寺鐘銘事件」の本質

実際の歴史では、家康はどこかの段階で「これはダメだ、やはり豊臣は滅ぼしておいたほうがいい」と決めた。それで「方広寺鐘銘事件」（一六一四）が起きます。家康が秀頼に勧めて京都の方広寺というお寺を再興させる。その方広寺の大仏殿の鐘に刻まれた「国家安康」「君臣豊楽」という銘文が「家康の名前を分断し、豊臣を讃えている」とクレームをつけた事件です。

この事件について、わざわざその字句を詳細に解釈、検討している人がいますが、正直にいって、私にはその意義がわかりません。銘文の中身なんてどうでもいいことだと感じるのです。なぜなら家康のやっていることは、最初からただの難癖ですから。

かつて「上杉に謀反の動きがある」といい出したときと同じで、最初から無茶なことをいっているのです。大名たちもそれはよくわかっていて「また無茶苦茶なことをいうよ」と思っていたことでしょう。しかしそれで豊臣をかばうようなことはせず、家康の出した踏み絵を踏む。徳川についていくという姿勢を見せているわけです。

しかしこの「鐘銘事件」について「当時と今では宗教観が違った」などと解説する人もいるのですが、その違いは当然あったでしょう。しかしそこは事件の本質ではない。本質は、ただ無茶苦茶な言いがかりなのです。それでも大名たちは誰も秀頼側に立つことはせず、家康に従った。このことが大事です。そうして「大坂冬の陣」（一六一四）がはじまった。

安心安全な「大坂城攻略法」

「大坂の陣」は、冬も夏もほとんど戦いらしい戦いではなかったと私は考えています。大坂攻めに参加する大名たちは、「この戦いに勝利したらなにが得られるか」ということを当然計算する。命をかけて戦うわけですから、そこは大事です。

豊臣秀頼の領地は六十五万石。六十五万石は大きいですが、しかし日本全国を敵に回すには少ない。攻め手には「この戦いでがんばっても、分け前はあまり得られそうにないな」という計算が働くわけです。命をかけて戦っても、得られるものは少ないとしたら、それでは戦意は上がりません。心の中では「この戦いに正義はない」と考えている大名もいたかもしれない。

いっぽう大坂のほうでは、食い詰めた浪人たちが十万人も集まった。この事態は家康にしても計算違いだったかもしれません。しかし統一された指揮系統は存在せず、各個バラバラで戦うだけでした。こうした状況では、真田幸村（一五六七–一六一五）のように個別に頑張る人が出てきても大勢は変えようもない。奮戦する幸村に家康が「信濃国をすべて与えるから、味方につけ」といったという話がありますが、そんなことを本気でいうわけがない。そこまでする必要もなかったのです。

攻めるほうは士気が低い。守るほうには統一された指揮系統が存在しない。「大坂冬の陣」とは、要するにこうした戦いでした。家康は真っ向から戦争をするつもりはなかった。当時ヨーロッパ諸国が軍艦に積んでいた大砲を購入して、セーカー砲やカルバリン砲などをずらっと並べる。そしてドカンドカンと大坂城に撃ち込んだ。城内の人々は真っ青になったことでしょう。このやり方だと徳川勢の戦死者は少ない。さらに夜中にみんなでワーと鬨《とき》の声をあげる。豊臣家の首脳陣は眠ることもできなくなる。すっかりビビってしまって案の定、白旗をあげて「講和します」ということになる。そうして結局、堀をぜんぶ埋められてしまった。

そうなるともはや完全に勝ち目はありません。翌年の「大坂夏の陣」（一六一五）は、実際にはたった三日で終わっています。

だから「大坂の陣」は、実際の戦闘の経過にあまり意味はない。「戦う前から終わっていた」戦いであって、家康が自分の命運をかけてのぞんだ戦いではなかった。要するに家康が豊臣を滅ぼすと決めた瞬間に、もう結果も決まっていた。そういうことだと思います。

負けようのない戦

「戦う前から終わっていた」というと、あの「関ヶ原の戦い」も「家康は戦う前から勝利を確信していた」と思わせるところがあります。

関ヶ原の屛風絵を見ると、家康の本陣に僧侶の天海の姿がある。坊主まで戦場に連れてきてどうするつもりだと思うのですが、ちなみにそのとき天海が着ていたという鎧《よろい》も残っています。さらに家康は先述の側室のお梶の方も連れてきている。

もし家康が「この戦いの勝敗は一か八か、どちらに転ぶかわからない。下手をすると自分の命の危険もある」と考えていたとすれば、そんな坊主や愛人まで戦場に連れてくるような余裕はなかったのではないでしょうか。

しかし、連れてきた。ということは、家康は「この戦は必ず勝つ」という確信を持っていたのでしょう。「大坂の陣」でも最初から負けようがない戦いをした。関ヶ原もまた、戦いの前段階で勝敗はすでに決していた。家康が本気で命をかけて向かった戦場は「小牧・長久手の戦い」が最後だった。どうもそのような気がします。

ポスト朝鮮出兵

秀吉は朝鮮出兵を行った。彼のあとを継いで天下人となった家康は、その「戦後」対応について、ものすごく迷ったことでしょう。政治も経済も通じて、家康が直面した中でも非常に大きな問題だったはずです。

秀吉が朝鮮出兵を始めたことに、みんなびっくりしたはずと思います。というのも秀吉は惣無事令《そうぶじれい》というものを出したことになっています。これは「これ以上戦争はやめよう」という宣言であって、その宣言が戦国時代を生きてきたみなさんの気持ちにフィットしたからこそ、秀吉は急速に天下統一事業を進めることができた。しかし、その惣無事令を出した本人が「次、朝鮮行こうぜ」といい出したわけです。それは、大名たちもびっくり仰天して「勘弁してくれよ」と心の底から思ったことでしょう。

しかし秀吉は実際に朝鮮に攻めいった。彼は事前に「明は長袖の国である」と高言していました。長袖とは文官のことで、つまり明は文官の国だから戦争は弱いと見ていたのです。しかし彼の思惑は外れた。秀吉の認識は間違っていて、中国は常に北の異民族を意識しているから戦は強いのです。特にあの時期は満州族などの侵入がありましたから、戦いを通じて練り上げられた精鋭部隊が日本と相対することになった。

もうひとつ秀吉の思惑がはずれたのは、朝鮮半島です。民衆たちからしてみると、言葉の通じない奴らがやって来て好き勝手している状況です。そんなことは許せないわけで、民衆蜂起があった。これも秀吉にとって予想外の事態でした。

あのとき、朝鮮出兵を行った秀吉の意図は、いったいなんだったのか。これは今でもいくつか説があるところですが、ひとつ確実にいえることは、その目的がなにであれ、みな完全な失敗に終わった。しかも「文禄の役」（一五九二―一五九三）ののちに、秀吉はまた

「慶長の役」（一五九七－一五九八）を始めてしまう。このときの配下の者たちの絶望感は相当なものがあったことでしょう。

もし最初の文禄の役でやめてくれていたら。大きく傷つきはしたでしょうが豊臣政権にとってまだ致命傷ではなかった。しかしその後にまた戦争を始めて、戦争状態の中で秀吉が死んでしまったことが、豊臣政権継続の最大のネックになったと私は考えています。

政権は後継者の秀頼がまだ幼かったために倒れたのではない。理由は、朝鮮出兵を二度もやってしまったこと。それが政権の命取りになったのだと思います。

家康の戦後処理

その次の天下人になった家康にとって外交をどのように立て直すか。これは大きな課題になったことでしょう。

「だから徳川政権は首都を、物理的に半島、大陸から遠い江戸に置いたのだ」という説も昔はありました。古代、日本の政権がなぜ大陸への玄関口である九州ではなく、大和にあったかというと、それはほどよく距離を置いていたためと推測されています。同じように家康も、中国や朝鮮半島の勢力が攻めてくるリスクを考えて、ともかく距離を置いておこうとした。だから江戸に行ったという説もあったのですが、さすがにそこまでは考えていなかったと思います。

ただ世の中に満ちた「もう戦争はたくさんだ」という気持ちを、家康が代表していたことは間違いない。対外戦争までやってしまう豊臣政権ではなくて、「戦争はやらないよ」という徳川政権をみなが支持した。そうしたところに、「俺と一緒に新しい国をつくろう」という動きを示した家康の説得力が生まれたのだと思います。

家康は自分が政権を握ったのちは、対明、対朝鮮の外交において、なかなか信頼関係までは築くことはできなかったでしょうが、とにかく停戦状態を成立させます。

浦賀での交易

「鎖国」が行われたということもあって、そもそも家康自身、外交というものに消極的だったという見かたがあります。

私自身も以前は誤った認識をしていて、外交に積極的であった秀吉の、その外交の極端な事例が軍事侵攻だった。それをやった結果、豊臣政権が倒れた。となると、家康は外国とのつきあいはなるべくやめよう、外交は消極的でいこうという方向だったのかな、それで内需拡大のほうに舵《かじ》を切ったのかな、と考えていました。

しかしどうもそうではない。家康は外国との交易自体は一生懸命やっていたのです。徳川のもとには三浦按針（ウィリアム・アダムス　一五六四－一六二〇）や、それから八重洲の名前のもとになったヤン・ヨーステン（一五五六－一六二三）など、外国出身のスタッフもいた。そして神奈川県の浦賀沖に拠点を築き、海外と交流しようとしていました。外交についてはむしろ、浦賀を中心として海外との貿易を一生懸命やっていたと見たほうが、より正しいと思います。

家康は、ものすごくお香に興味があったらしく、お香のもとになる大きな香木が徳川美術館に残されています。今はワシントン条約があるので、そうした香木を日本に輸入することはできなくなった。その意味でも非常に貴重なものです。

香木で一番有名なものは正倉院にある蘭奢待《らんじゃたい》で、信長がちょっと削って持っていったことで知られますが、家康はそうした香木を東南アジアに船を出して買い求めていた。当時の香木で一番有名で、一番価値が高いとされていたのは伽羅《きゃら》ですが、そうしたものを含めて家康は総重量三百キロくらいお香の材料を持っていたそうです。浦賀貿易のような形で積極的に貿易をやった結果として、そうした奢侈《しゃし》品も収集されたのでしょう。

鎖国はなかった？

だから家康自身は外国との交易について、決して消極的ではなかった。しかし江戸幕府の政策としては消極的になり、やがて「鎖国」に至ります。

まず前提として、近年「鎖国はなかった」という見かたがあって、それがわりあいに力を持つようになっています。江戸幕府は、キリスト教に対して否定的だった。しかしキリスト教とまったく関係ない形で貿易だけするのならOKということで、オランダとの通商は継続した。「だから、鎖国はなかったんだ」という説があるのですが、しかしどう考えても当時、人類史上、もっとも爆発的に成長したヨーロッパの科学技術の恩恵というものを、日本は受けていないわけです。これは鎖国していたと見るのが極めて妥当な状況ではないかと思います。

それに時代の変遷を長い目できちんと見たとき、なぜ明治維新が起きたのかというと、それは黒船がやって来て「世界にはこんな進んだ文明があったのか」という衝撃を与えたから。その文明と競争するためには幕藩体制ではもう無理。新しい体制をつくらないとダメだということになったわけです。その意味ではやっぱり鎖国はあったと私は考えていますす。そもそもペリーは「日本を開国させろ」という役目を帯びて黒船を率いてきたわけですし。

ただ家康本人は、外国とのつきあいをやめよう、つまり鎖国しようとまでは考えていなかったと思っています。しかしそのいっぽうで、秀吉のころとは違って、戦争まで含み込んだ形での外交ということも考えてなかった。「節度をもって外国とはつきあいましょう」というヴィジョンが家康の外交方針だったと思います。

しかしやがてその「節度」が誇張されて、だんだん「海外となるべくつきあわない方向性で」という形になり、とうとう極端になって「鎖国」になってしまったのかなと、今のところは考えています。

こうしたことは、起こり得るのです。たとえば五代将軍の徳川綱吉が出した「生類憐みの令」も、本来の綱吉の意図は「命を大切にしましょうね。子どもを捨てたりしてはダメですよ」というもの。「生きとし生ける命を大切にしましょう」という方向性を伝えるお触れでした。しかしそれが下々のところに伝わっていく過程でだんだん極端になり「犬を捨てたら死刑」とか、「蚊に血を吸われそうになってパチンと叩いたら八丈島送り」とか、そういうわけのわからないことになってしまったのです。

鎖国も似ていて、家康自身は「軍事に発展するようなのはダメ、節度をもって貿易しよう」という考えだったと思います。しかし、その「節度」という方向性が時代とともに極端になり、「つきあい自体をやめてしまおう」ということになった。そうしたことだったのではないかと私は見ています。

夢を語る秀吉、里見を潰した家康

秀吉は外国に対して軍事行動に出るときに、どうやら部下たちに「海外に領地を獲得してお前たちに分けてやる」と、大きな夢を語っていたようですね。「天皇を北京に連れて行く」などといっていたらしいですが、そんなことがどこまで実現可能だと考えていたか、そこはわかりません。しかし、ともかくそうした大ボラを吹くわけです。

対して家康は、これは人間性なのかもしれないけど、そういうホラは吹かない。この人は本当に石橋を叩いて、下手したら叩いて渡らないくらいの人である。私が家康という人の真髄を見た気がしたのは、里見家の処遇です。滝沢馬琴（一七六七－一八四八）の書いた『南総里見八犬伝』で有名な里見家です。

大久保忠隣《ただちか》（一五五三－一六二八）が、本多正信との権力争いの結果、負けた。大久保は岡崎のころから松平・徳川につかえてきた昔からの家臣です。忠隣は小田原城の城主で、秀忠のもとで老中にあたるような役割を果たしていた。しかし結局、本多正信との権力争いに敗れて失脚してしまいます。その争いの原因になにがあったのか、意見のどこが根本的に違ったのか、よくわからない。「どっちが強いか。どっちが力を持っていたのか」という、一番くだらない争いが原因だった可能性もあると思いますが、とにかく大久保は失脚した。大久保の一族である大久保彦左衛門が『三河物語』を書いて、口を極めて本多正信を罵っているので、それがためにこの話は有名になります。

それはともかく、大久保の失脚にともなって、家康がなにをしたかというと、里見家を潰すのです。里見家は今の館山、安房国で十万石程度の領地を持っていたのですが、大久保とは婚姻を通じて縁続きでした。その縁続きということを理由にして、里見家を潰してしまうのです。

里見は、戦国時代にはそれなりの勢力を持っていた。房総半島を本拠地にして、一番大きい時だと五十万石くらいの領地はあったかもしれません。しかし秀吉の小田原征伐のとき、秀吉のもとに挨拶に行くのを怠ったために石高をゴソッと減らされて安房国に押し込められる形になりました。

家康は関東へ移ったときに、その里見対策としては上総国の大多喜城に本多忠勝を置いた。里見が攻めてきたときは、そこで防御するわけです。そしてさらに関ヶ原のあとになって、大久保忠隣の娘をもらっていたことを理由に里見を潰してしまいます。どうしてそこまでこだわらなければならなかったのか。その理由を考えると、おそらく大坂の陣のことを想定したのだろうと思います。

関ヶ原のあと、家康の中ではいずれ大坂を攻めることが予定されていた。大坂城を攻略するとなると、徳川の軍勢は関東を出て近畿方面に向かうことになります。そのとき仮に里見が江戸に攻めてきたら？　特に江戸湾で船を仕立てて、江戸城に直接、攻撃をかけてくるような事態が起こると面倒である。「そのリスクを考えて、あらかじめ里見を潰しておいた」という説があるのですが、これはたぶん当たっていると思います。

しかし、せいぜい十万石ほどの家ですから、兵隊の動員能力も二千人とか、その程度のものです。江戸城はすでに修築していますから、相当大きい。二千や三千の兵隊で落ちるほどのしょぼい城ではなくなっているのですが、それでも万が一を考えて、あらかじめ江戸城近くの敵対勢力である里見を潰しておいた。

それが家康の本意だったとすると、家康は本当に石橋を叩いて渡るのが通常営業という人。地道さ、堅実さということでいうと、相当に秀吉とは違いがある人でした。

第六章

人間・家康

天守閣は白を好む

文化的な側面を語ると家康は、天守閣は白を好みます。しかし白い天守閣は、なんとなく締まりがないような気も……。これは石垣込みではなく、あくまで建物だけの話なのですが、今日本にある城で、名古屋城をはじめとして大阪城や江戸城の櫓《やぐら》などを見ると、いってしまえば大きいだけ。白だとなにか茫漠として締まりがないような気がしてしまいます。逆に熊本城のように黒だと引き締まって見えていい（＊個人の感想です）。

しかしどうも家康は漆喰《しっくい》の白が好きだったのですね。それが家康好みといわれて、建物は白で造っていました。

また感性の問題だけではなく、黒い城であれば漆《うるし》を使うことになります。しかし漆喰のほうが安上がりで、漆ははるかにコストがかかる。そうすると家康は、美しさよりも先に「安いから」という理由で、漆喰を使っていたのかもしれません。それもまた家康らしいと思います。家康は基本的に、美よりも実用性を優先する人でした。

戦国武将の嗜《たしな》みだったお茶については、信長も秀吉も大好きでした。家康はどうだったのだろうかと思いますが、お茶の感覚は家康にどうも希薄です。ふつうに嗜むことはするのでしょうが、「のめり込む」という感覚はないのかなと思います。

そもそも家康は、あまりに文化的なことに熱心に取り組むタイプではない。権力者でも文化が大好きで、文化を促進する人はいます。足利義満がそうでした。足利将軍では、義満の孫にあたる八代将軍足利義政（一四三六－一四九〇）のように「権力者としては零点だが、文化人としては満点」というような変わった人も出てきます。織田信長は文化の改革者でもあり、時代の改革者でもありました。秀吉もまた政治権力だけではなく、文化的にも非常に優れた感性をもっていました。

いっぽう家康は、政治権力についてはもちろん優秀で抜群。しかし文化的感性については、そうでもなかったのかなという気がします。その意味では、源頼朝や足利尊氏のように文化に関しては独創性を発揮していないタイプの権力者に近そうです。

源頼朝は抜群の政治感覚の持ち主でしたが、文化に関してはオリジナリティを発揮していない。鎌倉を造るときも京都の賑わいを真似したり、滅ぼした平泉に独特の新しい文化が生まれていたというので真似して永福寺《ようふくじ》を造ってみたりで、自分のスタイルというものがない。基本は摸倣です。家康も、どちらかというとこのタイプかもしれません。

だいたい家康は城を造るのが好きかどうかというと、大好きということはなさそうです。秀吉の場合は、実用だけではなく、見て美しい城を造ろうとする。信長が安土城を建てたのを受けて立派な天守閣を造ったりしています。いっぽう家康の場合はあくまで防御を考えた城造りです。家康が好きなのは土木ですね。土木工事が好きだったみたいで、江戸の町造りでも大規模な土木工事を行っていた。「だから藤堂高虎と話が合うんだ」と指摘する人もいます。藤堂高虎も城造りの名人ですが、この人の造る城は、縄張りは面白いのですが、美しさはあまりない。そうした「実用的な土木趣味」みたいなところで家康と話が合うのかなという気がしますね。

鷹狩りは好き

家康は、鷹狩りが好きでした。鷹狩りは信長も秀吉も好みますが、家康の場合は、趣味としてよりも、どちらかというと戦の一形態として好きだったようです。

鷹狩りではたくさんの勢子《せこ》を使います。たとえばもっとも大規模な鷹狩りだと五千人もの勢子を動員したそうですが、そうした勢子たちが杖みたいなもので地面をゴンゴン叩く。その音で驚いた動物たちが飛び出してくる。雉が出たり兎が出てきたりしたところを鷹を使って獲るわけです。ここで勢子をどう動かすかみたいな話は、ほとんど軍事演習と同じ形になる。そうした演習にプラスして自分の体力、健康を考えて鷹狩りをやっていたのだろうと思います。要するになんらかの実益を伴わないと家康はやらないのですね。

今では馬に乗るセラピーというのもあって、乗馬をすることによって心が落ち着くというセレブな人たちがいるそうですが、家康の場合の馬術は、あくまで戦で負けたときの脱出のためのもの。

このことは第三章でふれましたが、同じ理由で水泳も続けていたわけです。ともかく水泳をやっておくと、ピンチのときに逃げられる可能性が高まるわけですね。いざ危険だというときに、家臣におぶってもらって逃げる手もあるのかもしれませんが、さすがにそこに川があったら、背負ってもらうわけにもいかない。やはり、最後のところで自分の命を守るのは自分。人任せにはできない。ということで、亡くなる前まで水泳をやっていたみたいです。健康志向というのもありますが、戦に負けたときの対策として馬術と水泳をやっている。こういうところに家康の人柄が感じられるように思います。

彼の性格としてはとにかく我慢強かった。あの酒井忠次さえ、我慢して起用し続けた。我慢して我慢して、ようやく「もういいよな」という時期が来てから「おまえの顔など見たくもない」という気持ちを明らかにする。信長の同盟者としてこき使われた時期も我慢したし、秀吉が天下人でいた時期も、ともかく我慢しました。

ただ、実は短気な人ほど我慢ができるという説もありますね。釣りのうまい人は実は短気なのだそうです。気の長い人はあまり上手くならなくて、気の短い人間が「ああでもない、こうでもない」と工夫するから釣りが上達する。もともと家康も短気なところがあった、実は激情型の人間だったという話があります。それが逆に、一生懸命我慢するということにつながっていったのかもしれない。どうもそんな気がします。

家康の女性関係

女性関係についてですが、若いときはともかく熟女が好きだった。熟女で、しかもすでに子どもがいる人をターゲットにしていた。ただ、さすがに旦那がいる人を奪ってくるほど破廉恥な人間ではありません。そのあたりは秀吉とは違う。となると未亡人を狙うわけですが、すでに子どものいる未亡人を狙うのは、ある意味でプラグマティックな好みだといえるのかもしれません。

大名は子どもをつくることが、大きな責務。しかしどうしても妊娠しにくいという女性もいるわけですが、すでに子どもがいる人であればそこは大丈夫。だから、そうした未亡人を狙った。「この女性と関係をもてば必ず子どもを産んでくれるという期待があって未亡人を好んだ」となるとそこにロマンはまったくありませんが、戦国大名の営みとしては理解できるところではあります。

しかし歳を取ってからはガラリと変わります。このときはさすがに、がんばって子どもをつくらずとも、もう徳川家は大丈夫という時期ですから、積極的に趣味を全開にして自分の好みの女性にどんどんアプローチしていったと思われます。となるとこの人は本質的に、若い女性が好きだったのかもしれません。

あといわゆる「寝取らせ」もやっていまして、前にも出てきましたが、財政官人で経済がわかる人間として頭角を現していた松平正綱に、自分の若い側室を与えています。もうひとり、本多正信の息子の本多正純にも側室を与えています。財政スタッフの若手トップに自分が愛した女性を渡しているとなると、なんとなく人選も面白いし、やっていることも変だなと感じるところです。

じつは、松平正綱に下げ渡したお梶の方という女性は、なんと出奔して家康のもとに帰ってきてしまいます。「やっぱり上様のほうが素敵」という感じで戻ってきて、家康も「そうかそうか、若い正綱よりもわしのほうがよいか」と受け入れて、ますます寵愛が深くなる。このあたり、この人の心の闇を見るような思いがします。

すでに述べたように、浜松時代にはほとんど側室を持たず、だからといって西郡局をひたすらに寵愛していたわけでもなさそうである。

正室の築山殿は、父親が家康独立の責任を問われて今川氏真に殺されています。それで「私のパパはあなたのせいで死んだのよ」などと家康を罵っていたのでしょうか。そうなると家康も、もともと築山殿のことが好きだったとしても遠ざけないとやってはいられなかったでしょう。「ものすごく嫉妬深い女性だったので家康は遠慮して女性をそばに置かなかった」というような悪女説は都市伝説の類でしょうが、どうも築山殿には遠慮していたらしい。それがなぜなのかは謎です。

息子である秀忠も、正室のお江（一五七三－一六二六）に対して異様に気をつかっていますから、もしかしてそこらへんはこの親子の血筋なのかもしれません。しかしこの、女性に対する屈折した思いみたいなものはどういうことなのでしょうか。

家康は、三歳のときにお母さんと生き別れています。実母の於大の方は家康だけを生んで、実家に帰された。引き裂かれているのですね。そうしたことが影響しているのかもしれません。

一向宗、キリスト教への対応

キリスト教については、家康も「まずいな」という認識はあったでしょう。秀吉は、キリスト教にノーといった。信長はわりといい関係を築いていたといわれることが多いですが、もしあと十年生きていたら、どういう姿勢を見せていたでしょうか。仮定の話でなんともいえませんが、私はノーといい始めると思います。

秀吉の場合はキリスト教者に対して「あなたの主人はデウスであるのか、秀吉であるのか」ということを問うた。地上の王と天上の神。どちらに従うのか。キリスト教には、誕生したときからそうした問題はありました。だから世をわたるひとつの知恵として、「王のものは王に、イエスのものはイエスに」という賢い答えを早くから持っていたわけです。「王様とキリスト教は両立できるのだ」ということをいって存在を認めてもらう。そうするうちに今度は、王様自体がキリスト教に信仰をもってしまって取り込まれていく。

そうやって問題を解決してきたわけですが、日本にやってきたときに、あらためて王様とイエス、あるいはイエスの父であるデウスの関係性が問題になったわけです。秀吉としては自分以上に崇められる神の存在は許すことができない。それで結局、伴天連《バテレン》追放令を出した。

一説によると、日本人を奴隷にして売買していたことが問題だったといわれていますけど、それであれば単に人身売買を取り締まればいい。また、日本を植民地化しようとしていた、だから追放したという説もありますが、これもそんな簡単な話ではないのです。海外との交渉を研究する一線の研究者たちは、当時の宣教師が「日本に兵隊を送ってくれ」という手紙を書いていたことを指摘します。たしかにそうした手紙が残っているのですが、実際問題、兵を送ってもらうとして、当時の人口はスペインでやっと一千万人。ポルトガルはもっと少なくて、もしかすると百万とかそんなものです。日本の人口は一千二百万か三百万くらいいましたから、これでは植民地経営はできない。

植民地経営とは人口の数の勝負になってくるのです。ごく少数の侵略者にインカ帝国が滅ぼされた話は有名ですが、あれはあくまでインカ帝国側に問題があった。日本のように体制が整っている国であれば、それこそ秀吉の朝鮮出兵が大失敗しているのと同じで、征服するのはそう簡単な話ではないのです。

だから「この時期に諸外国が、日本を植民地化しようと狙っていた」というイメージは、ちょっと無理筋かなと思えてしまいます。イギリスとオランダが東インド会社をつくって、本格的な植民地経営を始めますが、それが開始されたのは、この時期の秀吉・家康から百年後の時代。それを考えても、当時のキリスト教国が本気で植民地支配しようとしていたかというと、私にはそうは考えられないのです。

ということになると、秀吉が伴天連追放令を出した理由は、やはり統治上の問題であって、要するに自分よりも偉い者の存在を許すことができなかった。そして家康もまた同じ路線を選択したのでしょう。

大虐殺はしない家康

ただ家康が王か神かの問題をどこまで突き詰めて考えていたかは疑問で、「秀吉が否定したので乗っておこう」くらいのことだったような気もします。

というのは、家康は一向一揆に対しても、そこまで極端な政策をとってないのですね。信長が顕著ですが、彼の場合は一向一揆について「武家政権のトップにいる自分を脅かす存在」としてとらえていた。だから信徒の皆殺しをやるわけです。

これに対して家康は、前述したとおり、三河の一向一揆ではかなりの家来たちが一向一揆側に走り、自身も相当危ない思いをしたにもかかわらず、門徒たちに対して厳しい処置をとっていない。それどころか、なんとか一揆を鎮圧したあとは裏切った家来たちの罪もなかったことにする。「また昔のように頑張って仕えてくれればいい」ということで、理解のあるところを示しています。

のちに天下人になっても、家康は一向宗に対して弾圧などはしていません。彼がやったのは、東本願寺と西本願寺というふたつの本願寺への分割でした。ふたつに分けてしまえば、そこは人の世の常で、それぞれが競うようになる。そこでエネルギーが消費されるので一向宗全体の力も削ぐことができるし、その争いに巻き込まれないようにすれば、幕府も安泰という判断だったようです。

一向宗だからといって皆殺しにする信長方式は採らない。我慢強く、許すべきは許すし、無理に否定しない。そのあたりは家康の本領かもしれません。

あるのです。

人間家康の意外な甘さ

あまりにも慎重で、だから人のこともぜんぜん信用しない。家康にはそんなイメージがありませんか？　しかし人間・家康には、意外に甘さのようなものを感じさせるところもあるのです。

第五章で述べましたが、江戸幕府体制の大名の配置では、仮想敵は西国。敵が攻めてくるとすれば西からであり、それを近江の井伊と伊勢の藤堂で防御する。その背後には尾張徳川家があって東海、関東には外様を置かない。そうしたデザインの中で西国にひとつ突出している家がある。それが姫路の池田家です。

姫路の城主となったのが池田輝政でした。この人は「小牧・長久手の戦い」においては秀吉のもとで戦った池田恒興の息子。父とともに兄の元助が戦死したために、池田の家は彼が継いだ。この輝政に家康は、娘の督姫（一五七五－一六一五）を嫁がせます。家康には娘が五人いるのですが、四番目と五番目は子どものときに亡くなり無事に育ったのは三人。督姫はその中の次女です。この人は最初、小田原の北条氏直のもとに嫁いでいたのですが、小田原が落とされて北条氏が滅ぼされると、氏直は高野山に流されて、一年であっという間に亡くなってしまう。督姫は親の家康のもとに帰ってきました。この人を池田輝政と再婚させたわけです。

この結婚は豊臣秀吉のお声がかりだったといわれていますが、池田輝政は家康の娘婿となった。その婿を家康は厚遇します。

「関ヶ原の戦い」では、もし南宮山の毛利が動いて家康の背後を突けば、東軍は敗北していただろうと述べました。しかし実際には毛利が動くことのないように、二重三重に手を打っていたわけで、戦いは、はじまる前に終わっていた。明治時代に日本に来たドイツの作戦家、メッケルが、関ヶ原の布陣を見て「これは西軍の勝ちだ」といったというエピソードがありますが、現実の戦場では、西軍の「家康包囲網」は完成されていなかったのです。南宮山の毛利から攻められることはないと、家康は読み切っていました。

ただ、それでも万が一ということはある。そのために自分の背後に部隊を置いてはいました。これは本当に「もしも」のときの保険ですから、「南宮山から毛利の軍勢が下りてきたときには戦うことになるが、そのようなことはまずない」というポジションでした。この優待席に家康は誰を置いたか？　というと池田輝政なのです。だから池田は「関ヶ原の戦い」では、実際に働くことはなかった。

婿殿を大抜擢する家康

ところが戦いのあと、輝政は姫路五十二万石の大大名に抜擢されるのですね。関ヶ原の前哨戦として、東軍は岐阜城を落としていました。岐阜城の城主は織田秀信（一五八〇－一六〇五）。あの清洲会議のときに秀吉が抱いていた織田信長の孫、三法師です。その三法師が成長し、秀信となって城に入っていました。しかし東軍に攻められて一日で陥落する。「信長の築いた城が一日で落ちるの？」と思うところですが、どうやら信長は、城というものは「攻められるところまでいったら、もうなにをやっても勝てない」と考えていた節があります。だからおそらく彼の城は見た目重視で、実際に攻められるともろいのでしょうね。実は池田輝政は、かつて岐阜城の城主だったことがありました。だから弱点や抜け道を熟知していたことでしょう。そのため彼が城攻めを任されて、一日で落とした。おそらくこの岐阜城攻略を大変な功績であるとして、それを口実に姫路五十二万石へと大抜擢するのです。

それまでの輝政は今の豊橋にある、吉田城で十五万石の領地を持つ大名でした。それが姫路五十二万石の大大名になるわけです。池田家には、もともと跡取りの立派な長男がいたのですが、督姫との間にも子が生まれた。その子は家康にとってみると自分の血を分けた外孫になります。家康はそのお孫さん用にも岡山二十八万石をプレゼントします。そうしたかたちで姫路を中心に池田一族に領地が与えられて、すべてあわせると九十二万石にもなりました。

その総力をあげて造った城が今の姫路城です。つまり姫路城は百万石の格式を持つ城。だからあのように立派なのですね。

このように大きな領地を与えて、池田輝政を西国での重石にした。西でにらみをきかせる存在にしたわけです。婿を大事にして「西の抑えとして頑張ってくれ」と大きな領地を与えて、手厚く遇しているのですね。しかしいくら娘婿だからといって、そこまで厚遇して信頼してもいいものでしょうか。いかにも疑り深くて人を信じないというイメージがある家康ですが、その彼にしては意外と甘い印象を受けます。

東北方面でも婿殿を厚遇

同じことが東北方面でもあります。徳川幕府の基礎は関東と東海。東北には西と同じように外様が配置されています。たとえば会津の上杉が、領地を大きく削られて米沢に押し込められていました。茨城の佐竹も、領地を半分に削られて秋田へと移されています（このときに佐竹は、茨城の美人という美人をすべて連れて秋田に移ったために「秋田美人が生まれた」という話もあります）。だから西と同じように、東北地方から敵が攻めてくる可能性はあった。

そのときに防御の要と想定された土地は宇都宮。家康は関ヶ原のときにも、会津の上杉が江戸に侵攻する事態に備えて宇都宮に留守部隊を置いています。この宇都宮にはもともとと蒲生《がもう》秀行（一五八三－一六一二）が入っていました。有名な蒲生氏郷《うじさと》（一五五六－一五九五）の息子ですが、関ヶ原ののち、父の時代に領有していた当時の東北地方の中枢、会津に再び入って六十万石の大領を持つようになります。この秀行も、家康の娘婿です。三女の振姫《ふりひめ》（一五八〇－一六一七）を嫁に迎えています。

秀行の場合もまさに輝政と同じで、娘婿を信用していて厚遇し、東北地方の抑えとして扱っていたわけです。

このあたりの家康は、ちょっと人がよすぎるのではないかと思わないでもない。しかし娘婿であれば信頼できるということなのでしょうか。その意味でいうと、加賀の前田にも秀忠の次女が嫁に行っています。

長男の信康でさえ「信長には逆らうことができない」という理由で自害に追い込んだし、そのときの妻の築山殿も殺している。そんな家康だから非常に冷たい人間で、誰でも絶対に敵だと認定して滅ぼしていくのかと思うと、そうでもない。外様でも徳川の姫を嫁にもらっているところは親戚扱いにする。そうした甘い面がある人でした。

ああ、すみません。宇都宮のことを書き忘れました。この要地には蒲生秀行が去ったあと、奥平家昌（一五七七－一六一四）が十万石で入ります。家昌は信昌の嫡子。お母さんは家康長女の亀姫（一五六〇－一六二五）。ですから家昌は、家康の外孫代表みたいな人物です。

勉強する天下人——近代人としての家康

「天才ゆえの閃《ひらめ》き」みたいなものは、ない。しかしそのかわりに、家康という人はしっかり勉強をしていました。こういったところ、家康は現代の私たちと同じで、面白いことになにを勉強していたのか、そのあとをたどることができます。

たとえば関ヶ原のあとの大名たちの処遇を見ていると、「ああ、家康は漢籍を読んでいるんだな」とわかります。

関ヶ原には大大名だけではなく、もちろん二、三万石くらいの小さな大名たちも参戦していました。そうした小大名の中に、脇坂安治、朽木元綱（一五四九－一六三二）、小川祐忠（一五四九－一六〇一）、赤座直保（?－一六〇六）の四人がいます。彼らは西軍に属し、松尾山に布陣していました。

松尾山に布陣した軍勢の主力は小早川秀秋（一五八二－一六〇二）。ごぞんじのとおり戦いの途中で東軍に寝返り、大谷吉継《よしつぐ》（一五五九－一六〇〇）の部隊に攻めかかった人ですね。現地を訪れてみるとわかるのですが、大谷吉継は実は小早川の裏切りを想定していた。彼の陣地の正面は東軍。側面が松尾山の小早川になるのですが、吉継はその小早川に対して、野戦築城を行っているのです。

当時の陣地の補強は、まず空堀を掘る。そして出た土を堀の向こうで固めて土塁とする。

そうしてＳ字のかたちで防御を固めることが基本です。大谷吉継は、小早川が裏切る展開を相当な確度で読んでいたらしく、部隊の正面よりも側面の守りを固めていた。

吉継の読みは的中し、小早川の部隊が襲いかかってくる。彼は敦賀で六万石の領主です。せいぜい二千人ほどの軍勢しか連れてきていないはずですが、しかし野戦築城が功を奏して、小早川の大軍を押し返す。

しかしそこで、あの四人組がまるで火事場泥棒のように小早川の動きに乗って、大谷を攻撃してきた。さすがにそこまでの展開は吉継も想定しておらず、彼の部隊は壊滅することになります。大谷が壊滅したことで、事態が次々と伝播し、ついに西軍は総崩れとなってしまいました。

とすると、これは半分冗談ですが、東軍の勝利にもっとも貢献したのは、小早川の裏切りに乗じて大谷吉継の部隊を壊滅に追い込んだ四人組。彼らの動向によって関ヶ原の命運が決まったといえるのかもしれません。

となると関ヶ原のあとの賞罰の場面では、四人組も、大いにご褒美を期待できることになりますね。ところがぜんぜん増やしてもらえなかったんです。さらにそれどころか、朽木は大きく削られる。残りの赤座と小川は領地を没収されています。脇坂だけは事前に「私は徳川殿にお味方します」と伝えていたということで無事。しかしそれでも本領が安堵されただけで、現状維持。増やしてもらってはいないのです。

勝利に貢献したのに、かえって領地を削られた。あるいは没収された。こうした処遇は、ほとんど聞いたことがありません。なぜ家康は彼らについて、こんな処遇を行ったのか。おそらく彼は『蒙求』《もうぎゅう》という本を読んでいたのだと思います。その本の故事にもとづいて、判断したのではないでしょうか。

劉邦に学ぶ家康

『蒙求』は漢文の初歩の初歩。当時、漢文を勉強しようと思う人なら誰でも最初に読むような、非常に有名な本です。だから家康のように勉強をする人は、まず確実に読んでいたと思われます。

その『蒙求』の中に漢帝国をつくった劉邦（前二四七－前一九五）の話が出てくる。劉邦は中国史上でも屈指の名将、楚王の項羽（前二三二－前二〇二）と戦って滅ぼし、漢帝国を建国しました。となると劉邦の部下たちは当然「俺はどれくらい褒美がもらえるのかな」と、胸をときめかせて待っているわけです。

しかし劉邦にしてみると、配分できる領地には限りがありますからそこは慎重になる。時間がかかるわけです。そうすると部下たちの間では「俺は本当にご褒美をもらえるのだろうか」という不安が出てきて、疑心暗鬼が広がっていくことになります。あっちに三人、こっちに五人という感じで集まって、なにやらボソボソと密談をはじめる。もともと劉邦という人は、世話になった相手でも殺してしまうところがありますから、彼らが不安に思うのも、無理からぬところがありました。

その様子を見た劉邦が、ずっと自分を支えてくれてきた大軍師の張良（?－前一六八）に「あいつらはなにを話しているのか」と訊く。張良はケロッと「彼らは陛下に謀反を企てているのです。彼らの話は謀反の相談です」と答えました。

驚く劉邦に張良は「なかなかご褒美をいただけないために、彼らは、自分は殺されるのではないかと感じています。そのために、どうせ殺されるのであればいっそ謀反を企てようという話になっています」と説明する。

劉邦があわてて「どうすればいい？」と訊くと、真顔になった張良は「陛下がその功績に感謝し、一番手厚く遇したいと感じているのは誰ですか？　逆に一番、嫌いな人物は誰ですか？」と訊き返した。劉邦は一番感謝している人物として丁公（?－前二〇二）の名前を挙げ、そして一番、嫌いな人物として雍歯《ようし》（?－前一九二）の名を挙げます。

「丁公は、俺が項羽に追い詰められて殺されそうになったとき、項羽の部下であったにもかかわらず、俺を逃して助けてくれた。丁公がいなければ今の俺もない。だから手厚く恩返しをしたいと思っている」

いっぽう雍歯はもともと劉邦と同じ沛《はい》の顔役。「あいつとはむかしから仲が悪かった。殺してやりたいと思うほどだったが、しかし家来になったのちはよく働いて功績を積み上げた。だから殺すに殺せなくなった」といった。

張良は「では丁公を殺し、雍歯には大きな褒美を与えて、諸侯（大名）に取り立ててください」と献策した。劉邦は「ええっ、なんで？」と驚くわけですよ。

しかし張良はそれでいいという。丁公は項羽の部下だったにもかかわらず劉邦を逃した。ということは、主人の項羽を裏切ったわけです。つまり丁公は不忠である。たとえ命を救ってくれたとしても、そうした不忠な人間は、劉邦の時代にはいらない。そのことを示すために、丁公の首を斬るべきだ。

雍歯については、彼を手厚く遇することで「あれだけ嫌われている雍歯でさえも、しっかり功績を上げれば大名に取り立てられるんだ。であれば、俺たちも大丈夫。おとなしく待とう」ということになる。

劉邦は半信半疑で張良の献策に従います。可愛がっている丁公を殺し、嫌いだった雍歯を大名に取り立てた。そうすると部下たちの不穏な動きはぴたっと静まった。

そうした故事が『蒙求』に書かれています。おそらく家康はこれを読んでいたのでしょう。

家康は「そうだ。彼ら四人組は、自分に忠節を尽くしたわけではない。主人を裏切ってただ火事場泥棒を働いただけだ」と考えた。そして「そんな人間は自分の世の中にはいらない」と世に示す絶好の機会として、最初から味方すると伝えていた脇坂をのぞいて、厳しく処分した。そうしたことだったのだろうと思います。

こうした心の動き、思考法は、現代の私たちとあまり変わらない。家康とは、まさに最初の近代人だった。それが私の考えです。

意外と深い家康の精神

家康自身の宗教観ですが、彼もまた浄土の教えというものに帰依していました。彼の旗印は「厭離《おんり》穢土《えど》　欣求《ごんぐ》浄土《じょうど》」。これは争いと煩悩に満ちたこの世を離れ、浄土に行きたいと願う心のこと。浄土の教えを象徴する言葉です。また唱えることで浄土に行けるとされる「南無阿弥陀仏」という名号も、しきりに書いていたといわれています。

浄土宗には本山が八つあって、江戸にある増上寺などもそのひとつ。それらのトップに位置して統括する立場にあるのが京都の東山にある知恩院。なんで知恩院がそんなに偉いかというと、ここには家康本人だけではなく、さらに家康のお母さんである於大の方が祀られているのです。三歳のときに生き別れになった於大の方と、家康は三河で独立したあとに再会する。そのときにはすでに自分の父親とは違う別の夫がいたのですが、マザコンだったかどうかはわかりませんが、家康はどうもそのお母さんのことが大好きだったらしい。それで於大の方が亡くなったときに莫大な寄付をして、今の知恩院をつくりました。

私は実際に行ってきましたが、本当に広くて立派です。それだけお母さんのことが好きだったのかなと感じますし、それから浄土宗への帰依する心が深かったのかなとも思います。家康の「厭離穢土　欣求浄土」という旗印も、これは綺麗事をいっていたわけではなく、きっと彼の本心だったに違いない。そんな気がしています。

そこでさらにいうと「厭離穢土　欣求浄土」を旗印にするからには、「浄土にみんなを連れていくのだ、自分が天下人になってみんなを浄土へ導くのだ」という気持ちが家康にあったのかもしれません。とすると、そこで引っかかることがあります。

家康の哲学を解く鍵

彼が遠江の拠点とした浜松城は、もともと曳馬《ひくま》城という名でした。駿河における駿府城とは違って、この曳馬城が遠江国で一番繁栄していたというわけではないのですが、一番新しい城だった。

それでこの城を選んで自分の本拠にしたのですが、しかし曳馬という名前は引馬につながり、「馬を退却させる、戦に負ける」という意味を連想させる。これはいかにも縁起が悪い。その名は使いたくないということで調べてみたら、近くに浜松という地名があった。松は常緑樹です。武家はやっぱり、散りゆく桜より松がいいのですね。これは縁起がいい、これを名前にしようということで、浜松城に名を変えて拠点とした。

やがて城下町が形成され、それが今の餃子と鰻の町、浜松になるわけです。鰻も違う土地ですでに名産になっていましたし、餃子も宇都宮が先行していた。それをうまく追い上げ追い越して、なかなかやるなと思いますが、今は静岡より浜松のほうが人口も多いそうですね。またヤマハやカワイもある。ともかく楽器の町であり、ホンダを生んだバイクの町でもある。スズキもあのあたりにありますね。ということで浜松という土地は今の静岡に比べてもなかなかとがっている。そうしたところに家康は本拠地を置いて、武田と一生懸命戦った。

もう一度いうと、縁起にこだわって、曳馬という名前を変えたわけです。そういうこだわりのある家康が、なんで江戸を「江戸」のままにしたのでしょうか？　そんな思いが私にはあるのです。「厭離穢土　欣求浄土」。江戸＝穢土。江戸の名は、穢れた土地という字に当てられる。だから江戸という名は捨てて、変えてしまったらよかったのにと思うのですが、なぜか家康は放置した。

もしかするとそこに家康の哲学性みたいなものが隠されているのかもしれません。親鸞（一一七三－一二六三）の説いた、有名な「悪人正機説」というテーゼがあります。仏様は善い人を救う。しかし阿弥陀仏という仏様は、自分が仏になるにあたって、他の仏様が救えないような悪人を救ってやると誓った。この誓いこそが「本願」。

倉田百三（一八九一－一九四三）はこれを興味深く解釈しています。人間とは、自己を徹底的に自省的に見つめてみるほど、「俺って人には善いように思われているけど、よくよく見ると悪人なんだな」と感じられるもの。だからどんなに善いことばかりやっている人でも「俺は悪人なのだ」という自己認識があって、それゆえにこそなるべく善いことをしようと考えている。そうすると悪人とはまさに「徹底的に自分を見つめた人」という意味となる。つまり本当の意味でいうと、たしかに悪人のほうが、善人。そうした悪人だからこそ阿弥陀仏は救ってくれるのだ。こうした説を倉田百三は出した。

倉田百三的な理解は文学的ですが、現代ではどちらかというとこうした解釈は否定されていて、「私、阿弥陀仏は悪人こそ救う仏だ」というストレートな意味で捉えることが、宗教的には正しいとされています。

江戸＝穢土からはじめる日本

そうした浄土の教えですが、家康は自分の政権の中心地が「江戸」という名前であることを、どのように考えていたのでしょうか。もしかすると彼には「人間は生きていく上で悪を働かざるを得ない、穢れというものを生み出さざるを得ない存在であり、だからこそ浄土を求めるのだ」という感覚が、あったのかもしれない。

そうだとすると家康は「自分が住むには江戸＝穢土という土地こそふさわしい」と感じて、江戸に拠点を置いた。そしてこの地から浄土を目指して頑張るぞと考えていた。想像力を働かせると、そのように文学的に理解することもあり得ます。

もしそこまで家康の精神が深まっていたとすると、倉田百三的な近代の精神というものをすでに持っていた、非常に思索を深めていった家康という人の姿が、そこに見えるような気がします。

江戸＝穢土にいながら浄土を目指す。本拠地を江戸＝穢土に置くことで内需を拡大し、東日本の開発を進めていく。そのように考えていたとすると、家康はなかなか立派な政治家だったということになりますね。

ただ家康は、一六〇三年に征夷大将軍になるも、さっさと秀忠に譲って駿府に去るわけです。江戸がどうも好きじゃなかったという話になると、今の話は全部ご破算になってしまうのですが……。

面白いことに家康の側室には、日蓮宗の信者がけっこういるのです。自分は浄土宗に帰依していたし、お母さんの信仰を大事にして、大きな知恩院をつくったりした。しかし家康は、自分の精神世界を自分の側室に押しつけていないのですね。

それに家康の政治面での参謀として有名な南光坊天海は天台宗です。天台と浄土は別に対立する考え方ではないのですが、家康が自分の信仰だけに凝り固まっていたわけではないということはいえそうです。

家康にとって信仰は、決して浅いものではなかった。彼の宗教観はなかなか深いところまでいっていた。そのように考えられるあたり、家康という人の精神はいろいろと面白いです。

おわりに

明治・大正に活躍した在野の歴史学者、山路愛山《やまじあいざん》（一八六五－一九一七）は「織田信長という師匠がいなければ、前田利家も佐々成政も堀秀政（一五五三－一五九〇）も佐久間盛政も、『いたずら者』で終わっていたかもしれない」（『豊太閤』）と評しました。いたずら者は、取るに足らぬ者、くらいの意味で宜しいでしょう。たしかにその通りかもしれません。

では豊臣秀吉はどうか。徳川家康はどうか。秀吉は信長の前には松下加兵衛（一五三七－一五九八）に仕えて目をかけられていた、といいます（加兵衛之綱はのち秀吉に仕えて一万六千石）。どの武家に仕えてもそれなりに出世したでしょうが、天下人どころか、大名・城持ちも危ないでしょう。家康は桶狭間がなければ、今川家の重臣として、それなりの城と所領をもらって一生を送ったことでしょう。やはりふたりは信長と関わったことにより、運命が変わったに違いありません。

才能の面ではどうでしょうか。中世史研究者からの評判が高いのは、今のところ秀吉なのです。農民出身という特異な出自がプラスに働いて、さすが農村のことをよく知っている。だから政権をあげて、太閤検地や刀狩りに取り組めた。秀吉はすばらしいアイディアマンだ、というわけです。ぼくもこの評価は妥当だと思いますが、信長の先進性も認めないわけにいかない、と考えます。彼が出現しなかったら、天下統一、戦国の世の幕引きにはまだ時間がかかったに違いない。経済を重視して国を豊かにし、最新の兵器を手に入れて戦いに勝つ。こうした合理的な発想を、あの時代によくできたな、と感心します。

ふたりは芸術センスも抜群ですね。安土桃山の文化の展開には、間違いなく彼らが重要な役割を果たしていた。石垣を積んで天守閣を上げて、豪華絢爛なふすま絵を描かせる。お茶を楽しんで、能を舞う。信長・秀吉には文化の香りがします。建築・美術・芸能。政治・経済の面で秀でた人は、文化にも閃きを見せるんだなあ。

一方で家康はどうでしょうか。芸術の本質をわかっては……なさそうですね。ちょっと自分の話をすると、私はどこに出ても恥ずかしくないよう芸術に親しみなさい、と母から薫陶を受けた。毎日、クラシック音楽を聴き、山と買い与えられた名画の美麗本を鑑賞した。でも、それって、結局は付け焼き刃なんですね。音楽会の帰りにお茶を飲みながら家内に感想を語っていたら、「あなたって、ライナーノートみたいね」といわれてひどく落ち込んだことがありますが、音楽を聴いても、名画を見ても、どうしても平凡な言葉しか出てこない。本物はそうじゃない。ぴょん、と跳躍ができる。1+1は2にしかならない。1+1が3にも5にもなる。それが芸術の本質です。

信長や秀吉の生涯を見ていると、やはりいくつもの跳躍を確認できます。家康はそれがない。ひとつひとつ積み重ねていく。長い目で見れば蓄積は確実にあるのですが、そうきたか！という感動に欠ける。

でもまあ、物は言いよう、というと語弊があるかも知れませんが、家康には「努力する才能」があったのでしょうね。飽くことなく前進する。今日の反省を生かして、明日を生きる。「人の一生は重荷を負ふて遠き道を行くが如し。急ぐべからず」という有名な家康の遺訓は、後世の創作でしょうが、まさにこうした家康の生涯を踏まえての言葉になっています。

私たち平凡人は、飛ぶことも跳躍することもできない。ならばどうするか。日々努力を怠らず、足元を固めながら、少しずつでも前を目指せ。信長にも秀吉にもなれない私たちには、家康の生涯こそが指針になるのではないでしょうか。うーん、柄にもなく説教じみたことを書きましたね。恥ずかしくてたまりません。これ以上申し述べても、ますます墓穴を掘るだけのようですので、これをもって「おわりに」に代えたいと思います。はい、結論！　私たちは信長や秀吉にはなれない。でも、努力さえすれば、家康にはなれるかもしれない。頑張りましょう！

二〇二二年九月二十日

本郷和人

編集協力　堀田純司

河出新書　057

徳川《とくがわ》家康《いえやす》という人《ひと》

二〇二三年一〇月二〇日　初版印刷
二〇二三年一〇月三〇日　初版発行

著者　本郷《ほんごう》和人《かずと》
発行者　小野寺優
発行所　株式会社河出書房新社
〒一五一―〇〇五一　東京都渋谷区千駄ヶ谷二―三二―二
電話　〇三―三四〇四―一二〇一［営業］／〇三―三四〇四―八六一一［編集］
https://www.kawade.co.jp/

マーク　tupera tupera
装幀　木庭貴信（オクターヴ）
印刷・製本　中央精版印刷株式会社

Printed in Japan　ISBN978-4-309-63158-5